Lieschen Straßenburg

Lieschen

Eine märkische Bäuerin
erzählt ihr Leben

Aufgezeichnet und mit einem
Nachwort von Dagmar Wahnschaffe
Rowohlt Taschenbuch Verlag

Die Arbeit an diesem Buch wurde von der
*Senatsverwaltung für Arbeit, Soziales
und Frauen* gefördert.

Ungekürzte Ausgabe
Veröffentlicht im Rowohlt Taschenbuch Verlag,
Reinbek bei Hamburg, Januar 2007

Umschlaggestaltung any.way, Cathrin Günther
(Umschlagfoto und Fotos im Innenteil: privat)
Karte Peter Palm, Berlin
gesetzt aus der Palatino PostScript (InDesign)
Satz und Buchgestaltung Anja Sicka
Druck und Bindung Clausen & Bosse, Leck
Printed in Germany
ISBN 13: 978 3 499 33242 5
ISBN 10: 3 499 33242 6

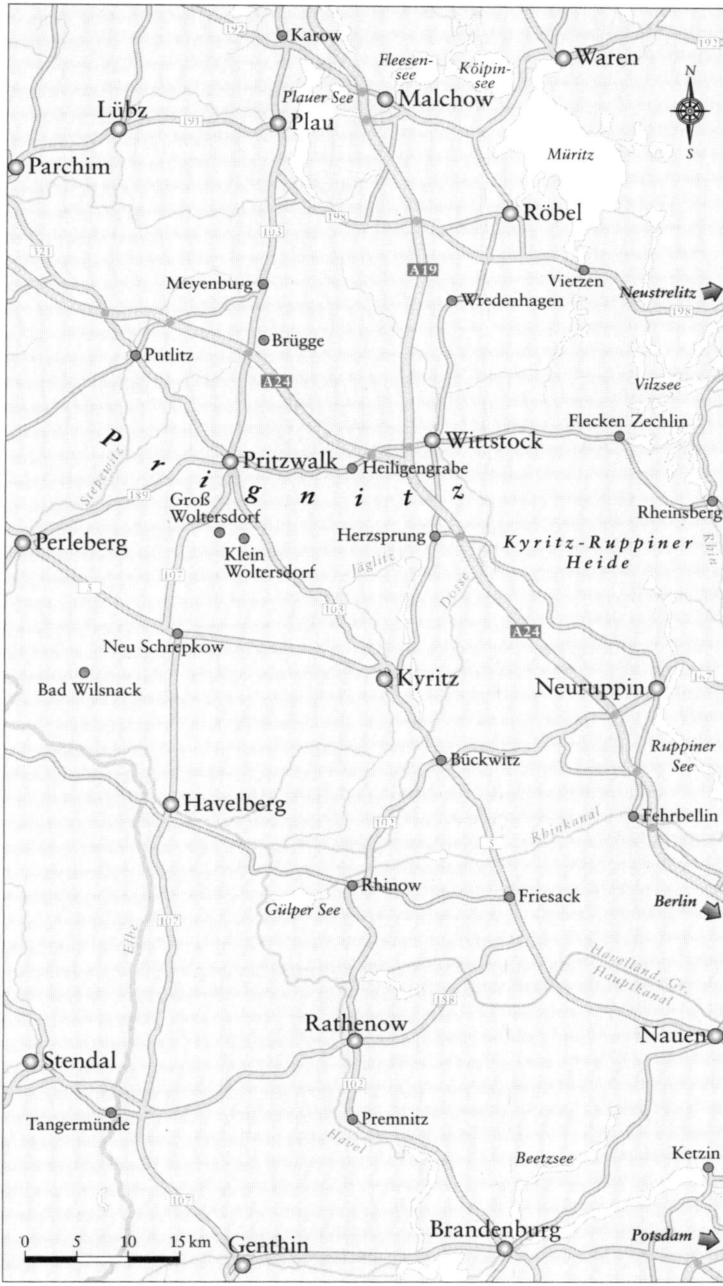
Karow
Fleesen-
see
Kölpin-
see
Waren
Plauer See
Malchow
Lübz
Plau
Parchim
Müritz
Röbel
Meyenburg
Vietzen
Neustrelitz
Wredenhagen
Brügge
Putlitz
Vilzsee
Flecken Zechlin
Wittstock
Pritzwalk
Heiligengrabe
P r i g n i t z
Groß
Woltersdorf
Rheinsberg
Perleberg
Herzsprung
Kyritz-Ruppiner
Heide
Klein
Woltersdorf
Neu Schrepkow
Kyritz
Neuruppin
Bad Wilsnack
Bückwitz
Ruppiner
See
Havelberg
Fehrbellin
Rhinkanal
Rhinow
Friesack
Berlin
Gülper See
Havelländ. Gr.
Hauptkanal
Rathenow
Nauen
Stendal
Tangermünde
Premnitz
Havel
Beetzsee
Ketzin
Brandenburg
Potsdam
Genthin
0 5 10 15 km

Ohne die Ermutigung durch Heike Themel und meinen Ehemann Walter Bräutigam wäre dieses Buch nicht erschienen.

1906–1919

Das dumme Ding und seine sieben Geschwister

Ich bin ja nur ein dummer Mensch.

Für mich ist zu Hause nie viel übrig gewesen. Meine Eltern waren schon zu alt, und meine Geschwister sagten nur immer *du ollet dummet Ding* zu mir. Aber bei den Schularbeiten hat mir keiner geholfen!

Geboren bin ich in Brügge am 7. Juli 1906. Meine Eltern hatten einen großen Bauernhof von dreihundert Morgen. Meine sieben Geschwister waren alle schon viel älter, meine älteste Schwester war einundzwanzig. Als mein Vater fragte, welchen Namen ich denn bekommen soll, da hieß es nur: Ach, wir wollten sie ja gar nicht, die kann heißen, wie sie will.

Na, dann nennt sie doch Hulda, schlug meine Cousine Hulda vor. Aber das war den Geschwistern auch nicht recht.

Bloß nicht Hulda, Papa!

Schließlich sprach mein Vater ein Machtwort, und so heiße ich Hulda Luise Lieschen. Lieschen wurde mein Rufname.

Für meine Mutter war das gar nicht so einfach, den großen Haushalt zu führen. Den großen Tisch, den wir da gedeckt haben, immer für vierzehn Personen! Die Ordnung im Hause habe ich bei meiner Mutter sehr gut kennengelernt. Ich war ja dann die Jüngste, ich musste immer Schuhe putzen für meine Brüder, die Hemden bügeln, in Haus und Küche helfen.

Wir hatten Bekanntschaft mit einer Familie im Dorf, die war ohne Kinder. Die haben mir an und ab mal ein Kleid gekauft. Ich wurde da ein bisschen verwöhnt und habe dort oft am Wochenende gegessen. In die Schule brachte die Frau mir mein Frühstücksbrot herüber, und manchmal hat sie mir zwanzig Pfennig in die Hand gedrückt. Davon konnte ich mir Bonbons kaufen. Dann meinten meine Eltern: Wenn Lieschen will, kann sie ja zu euch kommen, als angenommenes Kind.

Morgen bleibst du bei denen, hat der älteste Bruder gesagt. Da habe ich mir gedacht: Da gehst du nicht wieder hin. Bin nicht mehr hingegangen.

Lieschens Eltern, 1925

Die Leute haben ihren Hof verkauft, weil ich nicht zu ihnen gekommen bin. Dann kam die Inflation, und das ganze Geld ist verlorengegangen. Später hat mich der Herr einmal angesprochen: Deinetwegen haben wir unsere Wirtschaft verkauft, Lieschen. Wärst du mal zu uns gekommen, dann wärst du jetzt ein reiches Mädchen!

Ich antwortete nur: Ich bin so reich, ich hab alles, was ich brauche!

Ich wollte da ja gar nicht hin, ich hab so an meinen Geschwistern gehangen. Die nicht an mir, aber ich an meinen Geschwistern.

Als ich mit sechs Jahren in die Schule gekommen bin, hat mich meine Mutter am ersten Tag begleitet. Wir waren sieben Kinder, die eingeschult wurden. Alle drei Klassen saßen zusammen in einem Zimmer, und ein Lehrer hat uns gleichzeitig unterrichtet. Teilweise hatten wir still Unterricht, Erdkunde hatten alle zusammen. Mit uns musste der Lehrer sich ja am Anfang mehr beschäftigen. Ich bin nie sitzengeblieben, in Sport war ich sehr gut. Frühmorgens wurde ein Lied gesungen, eine Begrüßung gesprochen, und dann begann die Schule. In der ersten Pause mussten wir einzeln vorgehen, dann hat der Lehrer geprüft, ob auch unsere Holzpantinen geputzt waren. Das Taschentuch mussten wir zeigen, und auch auf saubere Fingernägel wurde geachtet. Unser Lehrer war sehr streng. Trotzdem bin ich gerne in die Schule gegangen. Dann kam der Krieg, und unser Lehrer wurde eingezogen. Darüber waren wir alle ziemlich traurig. Wir bekamen dann nur noch Aushilfslehrer und haben nicht viel gelernt. Das fehlt mir heute noch! Als der Krieg vorbei war, kam unser alter Lehrer zurück, und mein Vater beauftragte ihn, dass er auf einiges achten möchte. Aber das war dann nicht mehr viel. Er führte die Gemeindekasse und hatte einen Handel. Kleidung und Düngemittel, damit beschäftigte er sich mehr als mit uns Kindern.

Mit dreizehn wurde ich konfirmiert und musste in meinem Leben auskommen mit dem, was ich bis dahin gelernt hatte. Aber es tut mir heute noch leid; ich hätte weiterkommen können im Leben!

Als ich aus der Schule kam, wurde ich zu Hause fest eingesetzt in die Arbeit. Meine Geschwister warteten schon darauf, ich musste mit aufs Feld. Wir haben Kartoffeln gepflanzt, noch mit

Die vier großen Schwestern,
Cousine Hulda in der Mitte sitzend
mit Sohn und Lieschen, 1917

der Schürze, einzeln die so in die Erde gesteckt. Auf den Knien gekrochen, Rüben gepflanzt. Maschinen – so was gab es gar nicht. Die Rüben mussten dann gehackt werden. Meine älteste Schwester Hedwig und der älteste Bruder Willi haben mich dabei immer richtig und gut angelernt. Im Sommer mussten wir unser Getreide noch binden, es gab eben einfach noch keine Maschinereien. Wir hatten nur einen Ableger und mussten dann die Garben binden, einmal Schlagband, einmal Kopfband. Dann wurden die Hocken aufgestellt. Mein Vater kam öfter nach Recht und Ordnung sehen; ich sollte nicht überfordert werden. Das ging alles seinen guten Gang. Wenn wir dann eingefahren haben, wurden die Wagen hoch beladen. Das musste ich auch noch lernen, war gar nicht so einfach, es sollte ja auch kein Wagen umkippen. In der Ernte kam mein Vater mit einem kleinen Ponywagen, hat uns das Essen herausgebracht. Ein Tuch wurde ausgebreitet, das hatte meine Mutter alles schön vorbereitet.

Vor der Ernte fuhren meine Eltern in die Stadt, haben ganz groß eingekauft, Mehl und Zucker und alles Mögliche. Vor der Ernte wurde gebacken, damit wir alles vorrätig hatten zu Hause.

Wir haben uns noch selbst das Bier vorbereitet. Da kam ein Bierwagen, der verkaufte Malzbier, Braunbier, das haben wir eimerweise geholt. Soundso viel Wasser wurde dazugegossen, das Ganze auf Flaschen und in Tonkruken abgefüllt. Das brachte Vater uns mit aufs Feld zum Trinken. Das war sehr frisch, und wir waren alle darüber immer sehr glücklich.

Mein Vater hatte am 18. Oktober Geburtstag, bis dahin mussten wir auf den Feldern alles einigermaßen fertig haben. Dann wurde großer Hausputz gemacht, Vater hat Geburtstag, wir haben uns alle gerappelt. Im Garten musste auch alles ein bisschen ordentlich sein. Enten wurden geschlachtet, die Verwandten kamen, und es wurde ein großes Fest gefeiert. Darauf haben wir uns alle schon gefreut. Wenn dann das Geburtstagsfest vorbei war, wurden Kartoffeln gesammelt, eingemietet oder verkauft. Dann ging's in die Rüben, und die Wintersaat wurde vorbereitet.

Meine Eltern waren beide sehr gläubige Menschen. Unsere Mutter hat aus Nächstenliebe sogar – das war nach der Geburt des dritten Sohnes – zwei Kinder an der Brust gehabt. Eine Bäuerin, die viel zu uns kam, die hatte keine

Nahrung, das Kind wurde krank. Da hat meine Mutter zwei Kinder genährt! Wo Not war, wo Hilfe nötig war, da hat sie geholfen. Heute hört man das gar nicht mehr, aber früher ist es oft gewesen, dass Kinder gestorben sind, weil die Kinder nicht so gepflegt wurden oder die Hebamme nicht schnell genug kam. Da hat meine Mutter sogar Taufen gemacht, Nottaufen. Das hatte der Pastor ihr bestätigt, dass sie das konnte, die Hand auflegen und das Kind in der Not taufen. Und wie vielen Wöchnerinnen hat sie Suppe gebracht! Wenig Zeit gehabt, aber Wochensuppen gekocht und hingetragen!

Viel hat sie weggegeben, da bekam jeder seinen Teil, sogar die Zigeuner. Wenn die kamen, lagerten sie immer am Waldrand bei unserem Feld. Die Frauen mit Kindern auf dem Rücken gingen ins Dorf. Die Männer nicht, die blieben an ihren Wagen und haben gejagt und geräubert, was sie gerade so fangen konnten. Igel am Spieß gebraten, gesengt, abgerupft und gebraten! Die Frauen sind immer gleich auf unseren Hof losgesteuert und haben gesagt: Vater, wir sind wieder auf deinem Gebiet, aber wir nehmen dir nichts weg, brauchst keine Sorge haben. Aber wir laden dich ein zum Igelessen!

Ach, Papa, gehst du da hin?, meinte meine Mutter. Dann bin ich ganz doll böse.

Na, ich ess doch da nichts. Aber ich kiek mir det an. Dann hat er seinen Hut aufgesetzt und seinen Stock genommen. Solln mir doch da kein Unrecht tun, die können ja alles abbrennen.

Mama hat dann was gegeben, Speck oder was sie haben wollten. Leer sind die nie bei uns vom Hof gegangen. Das waren dann die Freunde meines Vaters!

Wir Kinder bekamen kein Taschengeld, und an Schokolade und Bonbons war's auch herzlich wenig. Aber alle vierzehn Tage kam der Lumpenmann. Ach, so ein armes mageres Pferd hat er vor seinem Lumpenwagen gehabt! Da saß er drin, Verdeck rüber und hat gepfiffen: Kinder, bringt mir Lumpen her! Hat Mama uns so 'n kleinen Beutel Lumpen fertig gemacht, haben wir uns Stammbilder gekauft. Engelchen, Rosenkranz, Vergissmeinnicht – das hat der alles so hübsch gehabt. Wenn man ein Poesiealbum hatte, wurden diese Bilder eingeklebt und ein Spruch dazugeschrieben. Und Lakritze hat der Lumpenmann auch gehabt, war das eine Freude, wenn wir mal eine Stange Lakritze hatten! Griffel! Wir haben ja noch auf Tafeln geschrieben, die wurden immer abgewischt und neu beschrieben. Ringe! Ganz billige Ringe. Bis man im Dorf war, war der Ring schon manchmal kaputt. Da sagte mein Vater: Ja, ja, helft mal dem Lumpenmann wieder! Der hat damit sein Brot verdient. Solche arme Zeit war das und trotzdem eine schöne Zeit!

Wir hatten auch einen Kuhhirten, Ernst hieß der. Der kam – ach, zig Jahre war der bei uns. Der hat die Kühe gehütet und auch die Schafe.

Den ganzen Sommer über musste ihm meine Mutter sein Traktament fertig machen, seine Frühstückstasche. Da kamen die Stullen rein und ein kleines Fläschchen für seinen Schnaps. Dann zog er ab, dann hat er sich gefreut, wenn er zu den Kühen ging. Die kamen im Sommer nicht nach Hause, die wurden in eine Koppel gesperrt. Er ließ sie alleine raus und hat auf den Weiden gehütet. Weidezäune, die gab's früher ja nicht. Wenn meine Mutter ihm dann seine Frühstückstasche gab, haben wir ihn so beobachtet manchmal, das hat so viel Spaß gemacht. Hinter der Scheune hat er erst mal geguckt, ob ihn auch keiner sieht. An seinem Fläschchen waren so Zahlen und Striche dran.

Und dann – gluck, gluck, gluck – hat er sich einen genehmigt.

Weihnachten hat er noch mitgefeiert, aber dann: Herr, ich möchte bitten um mein Geld!

Ernst, das geht nicht so, sagte mein Vater. Ich gebe dir dein Geld, und du versäufst das und hast nicht Hose noch Rock, wenn du wiederkommst. Das holst du dir in zwei Teilen! Nee, das hat er nicht gewollt. Da hat ihm mein Vater eben das Geld gegeben.

Zum Austrieb der Kühe, so Ende April, kam er denn wieder an. Erst in den Schafstall geguckt, in den Kuhstall geguckt. Dann hat er sich auf sein Bett gesetzt, er hat nämlich im Stall geschlafen. Der kam nicht ins Haus rein! Wir haben ihn dann schon vernommen, er kriecht wieder auf dem Hof rum. Mein Vater ging hin und sagte: Na, Ernst, bist wedder ran? Wie siehst'n wieder aus?

Muss ick mich schämen?

Nee, schämen bruckst dich nich!

Aber er hatte kaum etwas zum Anziehen. Meine Mutter hatte schon Sachen bereitgelegt, Hemd und Hose, und hat ihn frisch eingekleidet. Dann hat er wieder treu gedient den Sommer über. Wie viel ihm mein Vater an Geld gegeben hat, kann ich nicht sagen, aber er hat's immer restlos versumpft.

Im Sommer sind wir morgens um fünf aufgestanden. Die Pferde mussten gefüttert werden. Zwei Stunden mussten die fressen, sonst waren sie nicht satt. Um sieben ging's zum Feld, da hatten die Pferdeknechte gefrühstückt. Wir Mädchen gingen erst um acht. Manchmal blieb ein Fuhrwerk länger da – wir hatten ja immer drei Fuhrwerke –, damit wir nicht laufen mussten zum Feld. Unser Arbeiter kam auch erst um acht, der hat bei sich zu Hause Kaffee getrunken. Die Milch musste um sieben bei der Molkerei sein, so mussten wir schon wegen dem Melken immer zeitig aufstehen. Dann haben wir den Tisch gedeckt. Zum Frühstück gab's Kaffee, Marmelade, Pflaumenmus. Wir haben doch kesselweise Pflaumenmus gekocht! Meine Mutter hat die Frühstücksstullen geschmiert. Meine Brüder hatten jeder seine Frühstückstasche, wunderschöne Taschen waren das. So dickes Leder haben die heute alle nicht mehr. Die nahmen sie mit, und wenn's nun im Sommer so warm war, dann haben sie die erste Furche gepflügt, ihre Tasche reingelegt und die zweite

Furche draufgepflügt, damit das Brot nicht trocken wurde. Das war die Frühstücksfurche!

Zu Bett gegangen sind wir im Sommer schon um neun, zehn. Da war alles ruhig und still. Im Winter sind wir länger aufgeblieben. Im Winter wurde um elf Mittagbrot gegessen, um drei ging's in den Kuhstall, und dann haben wir auch schon mit den Schweinen begonnen. Wir hatten anfangs noch kein elektrisches Licht, nur Laternen. Wenn wir fertig waren mit den Tieren, sind wir ins Haus gegangen in die Schummerstunde. Da haben wir gesessen, keine Lampe wurde angemacht, und Papa hat was erzählt. Das war immer sehr schön, die Schummerstunde.

Danach wurde Licht gemacht, und es gab Abendbrot, immer warmes Abendbrot: Bratkartoffeln, Suppe, Pellkartoffeln. Um zehn hieß es: Jungs, lücht av! Das sagte mein Vater. Meine Brüder haben mit einer Laterne die Ställe abgeleuchtet und nach den Tieren gesehen.

An den Winterabenden hat sich jeder nach dem Abendbrot erst mal umgezogen, ein bisschen schön gemacht. Wir Mädchen haben Handarbeiten gemacht, Namen gestickt in die einzelnen Wäschestücke. Ich habe zwei Küchengarnituren mitbekommen, zwei Schlafgarnituren und noch so einiges. Und in jeden Fummel wurden Namen gestickt. Mutter schälte Äpfel, konnte jeder Äpfel essen. Nüsse gab's von unserem Nussbaum und manchmal sogar Honigwaben. Mutter hatte selbst Bienen, einen Bienengarten. Wir haben auch Beutel genäht, viele kleine Beutel. Im Sommer, am Johannistag, zog meine Mutter los. Sie kannte jede Blume, dann hat sie Kräuter gesammelt in ihrem Korb. Das wurde getrocknet und später abgerebbelt und kam in die kleinen Beutel rein. Und wenn wir im Winter krank wurden, hat sie ihre Kräuter genommen, das hatte unsere Mutter so unter sich. Dass wir viel in die Apotheke gegangen sind, kann ich nicht sagen.

In unserem Dorf gab es Großbauern und Kleinbauern. Die Großbauern haben zusammengehalten und haben die Kleinbauern Kotzer genannt. Ein ungezogener Name heute, aber früher: Ach, das sind ja die Kotzer! Die haben sich alleine gehalten und untereinander geholfen. Die Frauen gingen in einen eigenen Kreis. Die Männer haben sich am Biertisch nicht zu den anderen gesetzt. Ach, da sind ja die Grotbuern, die sitten da. Das fing schon beinah bei den Kindern an, die der Großbauern waren auch besser angezogen. Und manchmal hatten die Kleinbauern das Gefühl, dass sie beim Lehrer auch nicht so gut dran waren! Wenn wir Mädel den Lehrer zum Geburtstagssingen besuchen gegangen sind, kamen die nicht mit. Die blieben fern, und schon hieß es, dass der Lehrer uns ein bisschen begünstigt.

Dann gab es noch die Arbeiter. Jeder von den Großbauern hatte ein Arbeiterhaus. Die Arbeiter hielten sich auch Vieh: Schweine, Hühner, Gänse. Eine Kuh nicht, die hätte ja mit auf die Weide gehen müssen, und das ging nicht. Das Verhältnis von Arbeiter und Bauer war einvernehmlich, ein enges Verhältnis. Die wurden Weihnachten eingeladen, bekamen Geschenke, haben Heiligabend volles Menü mitgegessen, mit den Bauern zusammengesessen und Lieder gesungen.

Im Herbst, zu Martini, haben die Arbeiter gekündigt, oder wir haben gekündigt, da wechselten die. Aber sechs, sieben Jahre blieben die immer. Wir hatten unseren Arbeiter ich weiß nicht wie lange. Da haben auch die Kinder wieder bei uns gearbeitet, und die Alten haben Rente bekommen.

Meine Mutter hat sehr gerne gewebt, deshalb wurde auch Flachs angebaut. Der Flachs wurde hereingeholt, gestreift, damit die Körner abgingen, und dann wieder auf ein Feld gebracht auf einer Anhöhe. Soundso viele Wochen musste das Flachsstroh dort dünn ausgebreitet liegen. Regen und Sonne sollten es anwelken. Dann konnte das Stroh gebündelt werden und in einem Schuppen lagern.

Wir hatten ja einen riesengroßen Backofen. Nach dem Brotbacken war der Ofen noch sehr heiß. Im Winter kroch meine Mutter in den Ofen, reinigte ihn von der letzten Glut, breitete den Flachs darin aus, und am nächsten Tag war es dann so weit. Sechs Familien, mit denen wir befreundet waren, kamen zu einem Fest, der Kuchen war vorbereitet, das Brakfest konnte beginnen.

Dieser Flachs war wie Stroh, hatte eine ganz feste Hülle. Im Ofen trocknete das aus und wurde ganz krasch. Wir Kinder mussten die Rüsten bedienen, die Geräte, mit denen der Flachs gebrochen wurde. Wir mussten ziemlich genau eine Handvoll Flachsstroh greifen, hineinlegen, und dann konnten die Braken heruntergedrückt werden. Das hat dann geknarrt und geknackt, das Harte fiel ab, und die Flachsstränge blieben übrig.

Zur Kaffeezeit wurden die Rüsten zusammengelegt, die Kinder mussten sie wegtragen, alles sollte seine Ordnung haben. Dann gab's auch Abendbrot. Wenn wir gebrakt haben, war das immer ein richtiges kleines Fest!

Ein Fest gab es auch, wenn wir unsere Gänse schlachteten. Wir hatten nicht viele eigene Gänse; nur so zwölf, vierzehn haben wir jedes Jahr aufgezogen. Aber dazu kamen noch die Polengänse, die kamen mit einem großen Wagen angefahren, der war zweistöckig. Da hat meine Mutter immer noch zugekauft, das waren die Stoppelgänse. Die wurden auf den Stoppelfeldern gehütet, sodass wir dann zum Schlachtefest vor Weihnachten ungefähr dreißig Gänse hatten.

Zum Gänsefest wurde frischer Sand geholt, angefeuchtet und in die Stube gestreut, dann ganz sauber ausgefegt. Damit da kein Sand zwischenkam, wenn Federn vorbeifielen. Zum Rupfen kamen die Frauen, die uns auch beim Braken geholfen haben. Drei, vier, fünf haben die Gänse gerupft, die anderen haben sie gesengt und gewaschen. Das war auch so eine gegenseitige

Hilfe; die eine Woche bei uns, die andere Woche waren wir bei einer anderen Familie, und die jungen Mädchen gingen immer alle sehr gerne mit. Wir hatten dazu unsere Blusen an, die wir auch in der Ernte trugen, Leinenblusen mit langen Ärmeln und dazu eine weiße Schürze. Wenn wir diese Leinensachen anhatten beim Braken und auch beim Gänsepflücken, waren wir nie voller Federn oder Staub, da blieb nichts dran hängen.

Diese gegenseitige Hilfe wurde nicht bezahlt, das gab's nicht. Das waren Freundschaftsdienste in der Gemeinschaft. Auch beim Weben und Spinnen haben die Frauen sich gegenseitig geholfen. Meine Mutter ging in diesen Kreis einmal in der Woche und außerdem sonnabends oder sonntags. Die Männer haben Skat gemeinsam gespielt, die Frauen gemeinsam gestrickt und gestopft, und auch wir Kinder waren eng miteinander verbunden in diesen Familien.

Es gab einen Jungmädchenkreis, da haben wir gebastelt und Fahrten gemacht mit dem Fahrrad, öfter noch sind wir aber gelaufen. Manchmal wurden wir auch vom Nachbardorf eingeladen.

Zu Hause hatten wir sechs Pferde, darunter zwei Reitpferde und noch ein Pony. Meine Mutter hatte nie Radfahren gelernt, und mein Vater war schon zu alt. Aber sie hatten das kleine Pony und einen schönen Stuhlwagen. Da haben sie sich sonntags manchmal reingesetzt. Pony angespannt und Besuche gemacht, ins Nachbardorf zum Pfarrer gefahren, mit dem wir sehr guten Kontakt hatten. Wenn der Pfarrer zu uns ins Dorf kam, hielt er vor der Schule. Dann ging einer meiner Brüder, wer gerade zu Hause war, und holte des Pfarrers Pferd ab. Das kam bei uns in den Reisestall und wurde schön zugedeckt. Dann und dann bringt ihr das Pferd wieder, sagte der Pfarrer, ich habe nur einige Besuche zu machen nach der Kirche.

Wir sind auch viel bei dem Pastor eingeladen gewesen. Die Frau Pastorin war sehr kinderlieb. Und was meine Mutter uns in ihrem Alter – mir besonders, weil ich die Jüngste war – nicht sagen konnte, das hat uns die Frau Pastorin erklärt. Was wir in unserer Jugend nicht machen dürfen und wie das so ist, und hat uns das mit Mann und Frau so erklärt. Sie wäre dafür von unserer Mutter beauftragt. Ich war allein mit ihr, wir gingen im Garten spazieren und haben dann ein bisschen Tee getrunken und Gebäck gegessen. Die Frau Pastorin hat erzählt, wie meine Mutter damals Sorge hatte, als ich geboren wurde, und dass ich nun doch schon groß wäre und meine Mutter nicht die Fähigkeit und vielleicht auch nicht den Mut hätte, uns das so zu erklären. Bei meinen Geschwistern wäre das auch so gewesen. Sie hat mich sehr geliebt, die Frau Pastorin. Und ich muss sagen, sie sind schon lange, sehr lange nicht mehr unter uns, aber ich habe den Pastor heute noch in guter Erinnerung. Wir waren auch manchmal ruppig, wir Kinder. Wir kamen aus mehreren Gemeinden zusammen und haben nach dem Konfirmandenunterricht noch im Wald gespielt. Es wurde schon dunkel, und da haben sich einige Eltern beschwert. Wo bleiben denn heute die Kinder, haben die Strafe gehabt? Da kam der Pastor in den Wald gelaufen und hat geklatscht und gerufen, dass wir nach Hause gehen sollten. So ruppig waren wir manchmal.

Wir hatten hinter unserer Scheune eine große Wiese mit vielen Obstbäumen. In dieser Wiese stand ein großer Backofen in der Backschur. Da waren alle möglichen Geräte untergebracht, unsere Braken, unsere Schwingen, große Regale, wo wir die Brote abgelegt haben, und Ständer für die Kuchenbleche.

Der Backofen wurde mit Busch geheizt. Das hat mein Vater gemacht und später dann der älteste Bruder. Meinem Vater war das irgendwann zu viel, zu heiß und zu aufwendig, da hat er meinen ältesten Bruder angelernt. Das war nicht jedermanns Sache! Das Buschholz musste in den Ofen hineingesteckt werden, in ein großes Gewölbe, das war innen ganz weiß ausgebrannt. Es musste so lange geheizt werden, bis die Steine sich röteten, so heiß musste der Ofen sein. Wir hatten große Schieber und Stangen. Das Busch musste durchgeschlagen werden, damit die Hitze gleichmäßig in den ganzen Ofen ging, auch die Glut musste noch verteilt werden. Nachher, wenn Vater gesehen hat: Na, nu is er wohl runtergebrannt, sagte ich zu ihm: Mama lässt fragen, wie weit denn der Ofen is'? Jaa, noch so 'ne halbe Stunde, denn könnt ihr euch langsam bewegen, det runterbringen! Ich weiß noch, wie er immer gerührt und geschwitzt hat, hab ich ihm manchmal was zu trinken mitgenommen. Ach, Papa, sag ich, du schwitzt ja so sehr, hab ich ihn manchmal auch ein bisschen lieb gehabt. Jaa, wisch mich bet av! Hab ich ihn ein bisschen abgewischt, dann hat er wieder weitergemacht, und ich bin losgezottelt, beim Nachbarn Bescheid sagen, in einer halben Stunde ist es so weit.

Wir hatten auch einige Kannen da stehen, ein Fass voll Wasser musste dort immer sein, das war Vorschrift von der Feuerwehr aus. Dann haben wir Strohwiepen gemacht, so Büschelchen, die kamen auf eine Stange, wurden nass gemacht, und damit hat mein Vater den Ofen gereinigt, die Glut weggefegt und auch den Aschenstaub. Der Ofen musste ja sauber sein. Dann hat mein Vater gesagt: Nu muss er erst fallen. Der Ofen muss fallen, die Glut musste sich beruhigen, und der Staub musste fallen. Er hat die große Eisentür vorgestellt, und wir konnten uns alle ein bisschen ausruhen. Dann ging es los! Jetzt konnten wir dort alles aufbauen, was Mama gebracht hatte.

Wir hatten einen Schieber. Meine Mutter hat das Brot ordentlich geklopft und so schön geformt draufgelegt, und mein Vater hat's geschoben. Das ist ganz fix gegangen; Schubs gegeben, und schon lag's im Ofen. Dann kam der Nachbar, der hat auch sein Brot reingeschoben. Wenn das ein paar Minuten angebacken war, war oben auf dem Brot schon eine Kruste. Wenn wir viel gebacken haben, dann haben wir erst schnell den Kuchen abgebacken. War nur wenig, haben wir die Bleche auf die Brote gestellt. Dann haben wir gewartet.

Ein halber Kuchen wurde gleich vorm Ofen aufgegessen. Jeder bekam ein Stück in die Hand, und dann haben wir geschnabbelt!

Zuletzt sagte meine Mutter: Nun besorg mal die Braten her! Jedes Mal kamen zwei oder drei Pfannen. So hatte Mutter weniger mit dem Kochen zu tun, und das Fleisch hat immer gut geschmeckt. Na, dann haben wir uns ein bisschen ausgeruht vor dem Ofen.

Zwei Stunden musste das Brot backen. Nach einer Stunde wurde das gezogen und auseinandergeschoben, damit die Laibe nicht zusammenklebten oder von einer Kante mehr Luft hatten. Nach zwei Stunden haben wir's herausgeholt.

Da hielten wir einen Eimer Wasser und eine Bürste bereit, und Vater schob's heraus. Zwei Mann mussten immer dabei sein: Einer hat die Brote abgenommen und auf den Tisch gelegt, der andere nahm die Bürste und ist rübergezottelt mit etwas Wasser. Dann ins Regal gelegt. Das

Brot war blank, ganz blank. Wunderschönes Brot!

Manchmal haben wir auch ein paar Brötchen gebacken. Wenn die Apfelzeit war, nahmen wir ein Stück vom Brotteig, als Kinder haben wir das gemacht und auch noch, als wir größer waren. Äpfel geschält, auf den Teig gelegt, Butter und Zucker drauf und rin. Ach, das war immer das Schönste, so 'n kleenen Runden, das haben wir dann gleich aufgegessen.

Eine wunderschöne Jugend habe ich gehabt. So was gibt's gar nicht mehr. Wenn ich das heute erzähle, kann sich niemand vorstellen, wie lustig das war! Die Menschen waren alle sehr fröhlich. Wenn wir alle am Backofen waren, ein Gelächter und ein Gejubel! Dann sagte unser Papa immer: Jo freut je Mudder, wir hem wedder Orm full Brot!

1919–1923

Tanzstunden und Feste, Inflation und Streik

Mein Vater hat mich ja sehr geliebt, ich war immer die Beste bei Papa. Darüber waren die großen Brüder manchmal ein bisschen böse und haben geschimpft. Wenn nun Vater ausging und mal einen getrunken hatte, kam er manchmal aus der Gaststätte nicht mehr nach Hause. Dann haben die Brüder zu mir gesagt: Na, du kannst mal hingehen und Papa holen!

Wo ist er denn?

Na, weißte nicht, wo er ist?

Dann habe ich mich angezogen und bin losgegangen, meinen Vater holen. Oft sagte er zu mir: Min Deern, ick hab ov dir gelurt!

Ich habe geantwortet: Na, Papa, nun komm aber ganz schnell nach Hause, Mama wird schimpfen!

Du bringst mich glik int Bett!

Zu Hause habe ich ihn gleich ausgezogen,

dann ist mein Vater – hups – ins Bett gegangen. Abends habe ich nochmal nachgeschaut und gefragt, ob er was essen oder trinken wollte.

Huch, mach Dör to, hat er da nur gesagt.

Ich war damals noch ein Kind.

Einen lustigen Gasthof gab's in unserem Dorf. Wir Kinder sind aber kaum dorthin gegangen, meine Brüder auch nicht, nur wenn Tanz war. Da war ein wunderschöner Saal, in dem getanzt wurde. Es gab auch eine Weinstube, da gingen wir sonntags manchmal hin. Die eine Tochter des Wirts war ein bisschen älter wie ich, mit der sind wir oft zusammengekommen. In der Gaststube saßen die Männer zum Skatabend und so, währenddessen haben wir Mädels in der Weinstube gesessen und unsere Brause getrunken. Wenn ein kleiner Anlass zur Festlichkeit war, sind wir da immer hingegangen.

Zum Chor und zum Singekreis haben wir uns dort auch getroffen. Manchmal sind wir auch aufgetreten, auf die Bühne gegangen und haben Theater gespielt.

Ach, einmal war ich eine Nixe, nur mit einem Schleier bekleidet! Turnschuhe gab es doch nicht, die Schlappen haben wir uns selber gemacht, so aus Leinen, und unten eine Sohle aus Pappe reingelegt. Die Käthe, die Tochter von dem Gastwirt, die hat gesungen; meine Freundin und ich, wir waren beide gleich groß, wir waren die Nixen. Und dann bengalische Beleuchtung dazu! War wunderschön!

Tanzschule haben wir auch dort gehabt. Ich bin zur Tanzschule gegangen! Ein junges Fräulein hat uns unterrichtet: Hüpf 1, Hüpf 2 und Hüpf 3 – im Schwung haben wir getanzt! Sie selbst stand mit der Geige in der Mitte. Och, da gab's auch manchmal was mit dem Geigenstock! Jahaa, wenn wir nicht gespurt haben, gab's öfter was mit dem Geigenstock!

Alle, die bemittelt waren, machten mit! Unter zwölf Personen hätte die Lehrerin gar nicht angefangen. Wir haben schon immer bei den anderen Mädchen gebettelt, komm doch mit, komm doch mit! Da mussten sogar aus dem Nachbardorf welche kommen.

Wenn nun der Tanzstundenball war, dann kamen die Fortgeschrittenen, die waren ja nun schon weiter, und wir kleinen Hüppers, wir haben dann nach denen gehüppelt. Die Fortgeschrittenen, die hatten damals schon lange Kleider an, Voilekleider! Die Herren kamen aus dem anderen Dorf, und dann haben wir alle zusammen geübt. Das war immer was sehr Schönes. Zwei Jahre hintereinander habe ich den Tanzstundenball mitgemacht, Quadrille, alles!

Einmal in der Woche kamen wir im Mädchenkreis zusammen. Wir haben gebastelt, Lieder gesungen, Theater gespielt und Ausflüge gemacht. In der Weihnachtszeit sind wir in die Häuser gegangen, haben gesungen und kleine Geschenke verteilt. Was wir gebastelt haben, meist für ältere Leute, haben wir in kleine Pakete gebunden, für den Julklapp. Da war ein älterer Herr, bei dem haben wir auch geputzt, und wenn er Geburtstag hatte, sangen wir. Auch wenn unser Lehrer Geburtstag hatte, haben wir gesungen. Sehr schöne Sachen haben wir da gemacht, und wir waren glücklich. Wir haben immer zu der Leiterin gesagt, wir möchten doch in der Woche noch einmal mehr singen oder spielen, nicht nur das eine Mal! Sonst durften wir ja nicht weggehen, die Eltern haben immer gesagt: Nein, nein, nein! Wir mussten einen Zettel mitbringen: Wir haben wieder Theaterüben oder wieder Singen. Dann durften wir weggehen. Sieben Mädels waren wir. Sonntags trafen wir uns, und dann ging es reihum, einmal bei denen, einmal bei denen. Zu Weihnachten gab es Äpfel, Walnüsse oder Pfeffernüsse. Ein kleines Schürzchen hatten wir umgebunden, eine halbe weiße Schürze, damit sind wir immer zu den Treffen gegangen. Also, der Jungmädchenkreis, der ist für mich gar nicht wegzudenken aus meiner Jugend, was wir da alles gemacht und gelernt haben und wie glücklich wir da immer waren!

Die Leiterin war die Dorfschneiderin, eine Flickschneiderin, die hat zwischendurch genäht in den Häusern. Eine jüngere Frau, ein bisschen verwachsen, die hat uns dann Anleitung gegeben. Was ich an Handarbeit konnte, das habe ich bei ihr gelernt.

Dann bekam ich das erste Tanzkleid, ein Voilekleid mit Punkten. Ach, ich war so schön! Pfingsten, am dritten Pfingsttag, sind wir immer nach Meyenburg gefahren zum Schützenfest. Mit einer Mark bin ich los. Für fünfzig Pfennig habe ich dann getanzt den ganzen Nachmittag! Wir mussten gleich bezahlen: wie ich noch kleiner war, fünfundzwanzig Pfennig, wie ich dann größer war, fünfzig. Dann durften wir auf die große Tanzfläche. Für die restlichen fünfzig Pfennig haben wir uns irgendwas gekauft. Ich glaube, ich hab manchmal noch Geld mit nach Hause genommen, aber meine Brüder nie, die haben ihres restlos verbraucht. Von Großmama hatte ich eine lange Kette bekommen, und untendran hing meine Uhr, so eine schöne Uhr mit Klappdeckel. So modern war ich! Alle Mädels aus unserem Dorf haben gleich die fünfzig Pfennig bezahlt, und dann haben wir getanzt und geschwitzt, meistens wir Mädels miteinander. Mit Jungs nur an und ab. Manchmal haben auch Erwachsene mit uns getanzt, haben wir gesagt: Na, kommt doch mit rein zu uns! Also, getanzt habe ich immer gerne. Und ich tanze heute noch sehr gerne! Aber einen Freund durften wir nicht haben. Mit so was war man damals sehr streng.

Unser Dorf war so ein rundes Wendendorf, da sind wir Mädchen immer im Kreis spazieren gegangen. Ach, immer ums Dorf rum ist langweilig, wir gehen mal an der Gaststätte vorbei und bis zum Bahnhof runter, das waren zwei Kilometer. Wir haben Lieder gesungen, und die Jungs haben uns manchmal verfolgt und sind zwischen uns gekommen, wollten dann mit uns spazieren gehen. Dann sind wir wieder zurück ins Dorf, wenn uns die Brüder lästig wurden, die Jungs.

Einmal kam der Inspektor vom Gut mit seinem Lehrling an und sagte: Na, Fräulein Dahse, wir wollen Sie mal ganz herzlich einladen, kommen Sie doch mit! Ich habe gedacht, na, wenn du eingeladen bist, kannst du ja mitgehen. Habe ich die anderen Mädchen gefragt: Soll ich das?

Na, mach det doch, is' doch ein feiner Junge!

Ich habe also gefragt: Wo wollen Sie denn hin?

Ach, nur mal zur Gaststätte, sagte der Inspektor, wir laden Sie ein, kommen Sie doch mit. Trinken wir 'ne Brause oder was. Na, ich habe mich gefühlt! Meine Schürze habe ich gleich abgebunden, und die hat die Freundin dann mit nach Hause genommen.

Das hat mein Bruder Walter beobachtet und ist nach Hause gelaufen: Jetzt ist Lieschen mit einem Mann in die Gaststätte gegangen! Und hat meine Mutter wild gemacht! Die hat gesagt: Papa, sie ist mit einem Mann in der Gaststätte, du musst hingehen und die Deern holen!

Aaach, ick hol die Deern doch nicht! Geredet und geredet hat meine Mutter.

Derweilen saßen wir alle drei in der Gaststätte an einem Tisch und haben Schokolade gegessen, der Inspektor hatte mir eine Tafel gekauft. Ich hatte noch nicht mal viel von der Schokolade gegessen, nur so ’n bisschen, da ging die Tür auf, und Papa kam herein. Ich gleich hoch. Papa sagte: Bliv sitten, bliv sitten. Und dann habe ich mich auch wieder hingesetzt.

Papa, willste mich holen?

Eigentlich wohl nicht, sagte er dann.

Er hat sich dann ein bisschen unterhalten und wollte wieder nach Hause. Da hab ich gesagt: Papa, ich komme mit. Und bin auch mitgegangen. Zu Hause hat er zur Mutter gesagt: Du schickst mich nich’ mehr, die Deern to holen! Das hat er dann auch nicht wieder gemacht.

Den ersten Schnaps habe ich als junges Mädchen getrunken, da haben wir vom Mädchenkreis am Fenster gestanden und der Käthe ein Ständchen gebracht, die hatte sich verlobt. Na, kommt doch rein, hieß es dann, wir laden euch ein! Da bekamen wir einen Schnaps, und der wurde abgebrannt. Ich hatte so was überhaupt noch nicht gesehen! Ach, wir haben ja gestaunt! Sie hat uns dann auch alle zu ihrer Hochzeit eingeladen, wir sollten uns ein schönes Kleid machen lassen und uns etwas einfallen lassen, wir sollten Gedichte vortragen auf ihrer Hochzeit.

Und was haben wir Gedichte aufgesagt, du glaubst gar nicht, was für schöne Hochzeitsgedichte. So was gibt's gar nicht mehr, was?

Und die Käthe, die hat sich gefreut. Habt ihr mir den Tag verschönert, das war ja wunderbar!

So etwas gab's früher viel mehr wie heute, glaube ich. Meine Jugend war sehr schön, sehr schön! Ich bedaure manchmal, wenn die heute in so einer Enge leben und sich gar nicht mehr mit solchen Dingen beschäftigen! Die haben doch nun ganz was anderes im Kopp.

Anfang der zwanziger Jahre haben meine Eltern ein neues Haus gebaut, das alte wurde abgerissen. Während der Bauzeit war alles noch viel enger für uns. Die Pferde kamen in den Reisestall, die Brüder schliefen in der Kammer für die Knechte, die wurde ein bisschen ausgebaut. Im Dorf wurde ein Zimmer gemietet, da haben wir Mädels geschlafen. Es begann ja schon die Inflationszeit. Das war eine unwahrscheinlich schwere Zeit. Wir haben eine Kuh verkauft. Das Geld war für den Glaser bestimmt, davon sollte das Glas für das ganze Haus bezahlt werden. Meinem Vater haben wir gesagt: Papa, du bringst jetzt das Geld nach Pritzwalk zu unserer Schwester. Agnes, die Älteste, war da verheiratet, die hatten eine Fleischerei. Agnes sollte das Geld dann dem Glaser geben.

Nimmst du den Koffer, Papa, bringst das Geld dahin, bringst Mama noch ein Pfund Hefe mit und trinkst ein Bierchen!

In Pritzwalk angekommen, bestellt sich mein Vater erst einmal sein Bier und einen Schnaps, einen großen Korn. Als der Wirt kassieren will, soundso viel, da sagt mein Vater: Sind Sie denn verrückt geworden? Wissen Sie denn, dass ich den ganzen Koffer voll Geld habe? Wollen Sie das gleich alles haben? Und zittert und zittert und fällt beinah vom Stuhl.

Da sagte der Wirt: Ich will von Ihnen gar nischt haben, trinken Sie mal in Ruhe Ihren Schnaps und Ihr Bier. Und geht an den Apparat, ruft meine Schwester an, kommen Sie mal auf schnellstem Wege hierher und holen Sie Ihren Vater ab. Der sitzt hier und zittert und hat den ganzen Koffer voll Geld! Da ist die Agnes in

Eile hingelaufen und hat gesagt: Papa, warum kommste denn nicht erst zu uns, das hätten wir dir doch alles besorgt!

Und seit dem Moment wurde mein Vater überhaupt nicht mehr mit Geld fertig, gar nicht mehr. Er musste dann vielfach unterschreiben, hat seine Rechte an den Mann meiner Schwester Hedwig abgetreten. Der und der Hugo, der zweite Bruder, die haben die Rechte übernommen, und Vater war nicht mehr Unterzeichner. Das ging nicht mehr, er kam einfach nicht mit den großen Zahlen zurecht. Beim Bauen, mit Handwerkern, da wurde ein Pferd verkauft, wenn wir schnell mal einen Waggon Steine bezahlen mussten. Was das für eine dämliche Zeit war, die Inflation!

Du konntest ja nichts kaufen, wenn du nicht gleich das Geld in der Hand hattest. Das war auch mit dem Lohn ein Problem. Wir haben unseren Arbeitern jeden Tag das Geld gegeben, damit sie einkaufen konnten. Zuletzt haben sie gesagt, für Geld arbeiten wir nicht mehr, wir wollen jetzt was anderes haben! Was das für eine hässliche Zeit war, kannst du dir gar nicht vorstellen! Wenn wir Milch geliefert haben und gleich Geld bekamen, wussten wir gar nicht, was wir damit machen sollten. Nicht so einfach! Ja, die Zeit habe ich miterlebt, das war die Inflation!

1924 muss das gewesen sein, nach der Inflation, da wurden die Arbeiter dann richtig ein bisschen rabus. Die wollten mehr Geld haben. Da waren manche ganz schön helle geworden. Es ging um höhere Löhne. Die haben gestreikt, wollten mehr Lohn. Uns als Bauern ging das ja eigentlich nichts an, und unser Arbeiter hat auch nichts gesagt. Papa hat angeordnet: Spannt die Pferde an und fahrt aufs Feld. Da haben die streikenden Landarbeiter unsere Pferde ausgespannt und mitgenommen! Es wird nicht gearbeitet, es wird gestreikt, auch die Bauern streiken!

Die Streikenden haben dann ungezogene Sachen gemacht, auch einiges ruiniert. Aus der Stadt kamen Arbeiter und haben unser Dorf gestürmt. Auf dem Bahnhof gab's einen Überfall, in die Post sind sie eingedrungen, und was die so alles gemacht haben!

Unsere Jungs mussten nachts aufpassen und unser Dorf bewachen, Munition wurde verteilt. Wenn die nun kamen, die Arbeiter und die Wittstocker Kommunisten, dann mussten wir uns gegenseitig warnen. Da hatte jeder auf dem Hof an einem Baum eine Pflugschar hängen und daneben einen Hammer. Und damit wurde gegongt, an die Pflugschar geklopft. Das hat der Nachbar dann gehört, Mensch, der gongt, hin, frag mal. Dann hat der auch gegongt, und so kamen unsere jungen Männer aus dem Dorf zusammen. Der Hof wurde verbarrikadiert, Kinder und ältere Leute mussten in den Keller. Bei Familie Lorenz hat es furchtbar ausgesehen. Die haben da ein Schwein geschlachtet, die Schmalztöpfe wurden ausgeräumt und die Wäsche aus dem Fenster geworfen. Die Federbetten haben sie aufgeschlitzt! Die Arbeiter aus der Stadt wollten uns räubern, die wollten was haben. Als wenn die gedacht hätten, wir haben mehr wie sie! Die haben ins Dorf reingeschossen, sodass wir die Fenster abdichten mussten. Das war kein Krieg, aber doch eine Revolte.

Die Bauern und die Gutsbesitzer haben sich zusammengeschlossen, und der Diener vom Lehnsgut in Rapshagen, der hat den Führer gemacht und die Bauernsöhne angeleitet. Auch später noch, bei einer Zusammenkunft, hat er sie beraten, wie sie sich verhalten sollten. Dieser Diener hat auch die Gewehre gehabt, und er hatte Pferde zur Verfügung. Jagdgewehre waren ja abgegeben worden. Das war eine schlimme Zeit, es dauerte ein paar Jahre, und dann war das vorbei. Bis wieder mehr Gleichheit und Gerechtigkeit da war und die Leute kaufen konnten, was sie wollten.

Wie sorgenvoll damals doch das Leben besonders auch für meine Mutter war, erfuhr ich an manchen Abenden. Meine Mutter hatte ein großes zweischläfriges Bett, und ich habe lange, lange bei ihr geschlafen. Morgens habe ich sie öfter gefragt: Mama, ich wollte schon einschlafen, aber du hast immerzu erzählt. Ich konnte aber nichts verstehen, was hast du denn von dem Kleid gesagt?

Ja, meinte sie, min Deern, ich muss ja für euch beten, wir müssen doch die Hände falten und beten, denn ihr müsst alle wieder neue Kleider haben! Da hat meine Mutter, weiß ich haargenau, gebetet und gebetet und daran gedacht, was alles wieder für die Kinder angeschafft werden musste. Wir waren zwar ein großer Bauernhof, aber die Leute mussten doch auch bezahlt werden. Manchmal kamen die Einnahmen auch nicht, wenn die Ernte schlecht war. Da musste gespart werden. Dann wurde ein Haus gebaut, dann heiratete die älteste Schwester, die wollte eine Aussteuer haben, die wollte Möbel haben, die wollte etwas Geld haben. Da wurde die ausgezahlt, die Agnes. Dann kam die Grete, die musste auch die Wäsche für eine Aussteuer haben, dann war die Hochzeit. Das fiel schon ins Gewicht. Die Brüder wollten Sonnabend, Sonntag ausgehen, die wollten Taschengeld haben. Wir Mädels, wir bekamen ja nicht viel, aber die Jungs, die wollten ihr Taschengeld haben.

Weihnachten wurden Gänse geschlachtet, da mussten wir erst mal die Federn haben. Jedes Kind musste ja zwei Federbetten mitkriegen. Die Federn wurden gerissen, und dann wurden damit die Betten gestopft. Die Gänse selber bekamen Leute in der Stadt, die waren schon bestellt von den Geschäftsleuten, bei denen wir gekauft haben, bei denen wir gut bedient wurden. Der Zahnarzt, wo wir in Behandlung waren, der hat auch jedes Jahr zu Weihnachten eine Gans bekommen. Dass wir zu Hause mal Gänsebraten gehabt haben, daran kann ich mich nicht erinnern. Die wurden so aufgeteilt, das hat manchmal kaum gereicht. Schwarzsauer haben wir uns gekocht, und Entenbraten gab es manchmal.

Ich weiß noch, wie ich meinen Pelzkragen endlich bekommen habe, einmal zu Weihnachten, einen sehr schönen Steinfuchs. Da bekam der Kürschnermeister auch eine Gans. Meine Eltern mussten doch sparsam sein. Sie haben sieben Kinder ausgesteuert. Wenn's auch billig war damals! Was wir verkauft haben, war aber auch nicht teuer. Das hat sich immer so gedreht. So viel Geld, ehrlich gesagt, wie heute unsere Bauern haben, so viel Geld hat's früher nicht gegeben. Wir haben heute in unserer Gemeinde Bauern, die haben hunderttausend Mark und mehr auf dem Konto! Was ist denn das, wenn ich heute sagen kann, dass ich dreißigtausend Mark auf dem Konto habe? Ist doch nicht viel! Aber damals, wenn da einer zehntausend Mark hatte, war er ein reicher Mann!

Meine Brüder hatten eine eigene Jagd. Im Januar wurden sie eingeladen zu den Jagden, da mussten sie ihre Garderobe haben, ihr Gewehr haben. Mein Bruder Hugo war fast immer Schützenkönig, der konnte haargenau schießen. Mein Vater sagte immer: Jung, schiet doch mal vorbei! Na, Papa, sagte Hugo dann, das ist doch mein Stolz! Zwanzig, fünfundzwanzig Mark musste er immer mithaben, denn wenn er Schützenkönig wurde, musste er einen ausgeben. Wenn auch früher sieben Bier eine Mark gekostet haben oder Schnäpse fünfzehn Pfennig, war auch Geld! War alles nicht so einfach!

Als die Zeiten wieder ruhiger geworden waren, gab es bei uns im Winter große Tanzvergnügen und Bälle. Da war der Landwirtschaftsball, das ging von den Bauern aus, nur für geladene Gäste. Wir mussten angeben, mit wie viel Personen wir erscheinen. Manchmal haben wir auch eine Schlittenpartie mitgemacht vom Landwirtschaftlichen Verein. Es ging nach Schloss Stein, und da haben wir dann Eisbein mit Sauerkraut gegessen. Geschlossene Vergnügen waren bei uns herrlich, Landwirtschaftsball in Meyenburg war ganz groß, Kavallerieball in Pritzwalk! Wie war das früher ganz anders wie heute!

Wenn ich eingeladen war auf so einen Ball, da gab ich zuerst meine Garderobe ab, und der Herr, der mich eingeladen hatte, musste schon bereitstehen mit einem Blumenstrauß. Dann

Lieschens Ballbegleiter und Verehrer
Otto Gehrke, 1925

wurden wir eingeführt, an seinem Arm gingen wir dann herein und zu unserem Tisch. Also, festlicher kann's nicht sein. So festlich ist es heute nicht auf einer Hochzeit! Da gehen sie heute angezogen, der eine ein blaues Jackett, der andere ein graues, der Dritte so eins. Das gab's früher nicht, da musste es ein Smoking sein! Und wir mussten auch gut angezogen sein zu so einem Ball, es musste immer ein festliches Kleid sein.

Am Anfang hatte ich kein Tuch, und ich hatte auch keinen Pelz. Also ging ich zu meinem Vater.

Ja, Papa, wann bekomme ich denn einen Pelz?

Min Deern, du bist noch tu jung. Musst noch warten, anner Johr!

Ja, Papa, aber ich möchte doch zum Kavallerieball gehen, alle haben einen Pelz!

Musst dir einen borgen!

Darauf bin ich zu einer Verwandten gegangen, die wohnte in Pritzwalk.

Tante Koge, ich möchte doch wieder zum Ball gehen.

Na, musste meinen Kragen nehmen!

Der alte Kragen, der war so oll und abgefressen, den wollte ich als junges Mädchen auch nicht haben.

Nee, sagte ich, lieber das Tuch, kann ich dein Tuch haben?

Ich möchte, dass sie *einmal* gesagt hätte, ihr seid so viele Kinder, ich schenk dir das; die haben keine Kinder gehabt.

Später bekam ich ja dann den Pelzkragen. War ich stolz! Extra noch eine Gans dafür weggegeben; ich habe gesagt, ich möchte das ganze Jahr nix essen, aber ich möchte einen Pelz haben!

Das schönste Fest war der Landwirtschaftsball in Meyenburg, da bin ich mit meinen Eltern in der Kutsche hingefahren. Groß umgezogen, Handschuhe nicht vergessen, denn wer keine Handschuhe hatte, durfte die Polonaise nicht mitmachen! Lange Handschuhe, kurzes Kleid und eine Blume angesteckt – ganz groß. Meine Eltern haben die Polonaise nicht mitgemacht, sie waren ja schon alt, aber mein Vater hat die Brüder eingeschworen: Einer der Jungs muss mit Lieschen tanzen, dass die auf der Polonaise nicht sitzen bleibt. Nachher könnt ihr tanzen, wie ihr wollt, aber Polonaise nicht! Die Brüder haben gemurrt: Mensch, wir haben doch selber unsere Damen, die können wir doch auch nicht sitzen lassen. Am Ende hat Hugo, der war ja immer so ein bisschen helle, gesagt: Na, wir müssen jetzt eenen kaufen, zu dem wir sagen, du tanzt mit Lieschen! Brauchten sie dann aber nicht, sie mussten nur so lange warten, bis ich von meinem Platz war. Die Eltern saßen da und haben zugeguckt, das war doch der Stolz meiner Eltern, ich durfte nicht sitzen bleiben auf der Bank. Da hätte sich mein Vater wirklich mit meinen Brüdern gezankt. Aber ich hatte immer jemanden. Und wenn wir dann die Polonaise getanzt haben – die dauerte ja eine ganze Stunde –, das war der festliche Auftakt zu so einem Ball damals!

Eine schöne Zeit war das, obwohl uns auch nicht einfach alles in den Schoß fiel und wir um manches sehr bitten mussten. Meine Eltern haben sich aber doch sehr für mich eingesetzt. Ich bin ihnen heute noch dankbar dafür.

1923–1930

Unbezahlte Hilfskraft, Hochzeit und Hofkauf in Heiligengrabe

Als mein Bruder Hugo heiratete und den Elternhof übernahm, war ich siebzehn und wurde zu meiner Schwester nach Groß Woltersdorf geschickt. Die hatten dort einen Gasthof mit Landwirtschaft. Meine Mutter hat gesagt: Du musst da hingehen, wo es nötig ist, das ist Christenpflicht. Meine Schwester war nämlich lungenkrank und brauchte Hilfe, vor allem, als dann ihr Sohn Hans geboren wurde. Den habe ich aufgezogen, der hing an mir mehr als an seiner Mutter. Aber meine Schwester hat mir viel, viel versprochen und nichts gehalten. Die hat mich ausgebeutet!

Da hätten meine Eltern mehr für mich sorgen müssen. Nicht mal Taschengeld habe ich dort bekommen. Essen und Trinken, das war alles. Für Kleidung sorgten meine Eltern, das war so ausgemacht. Aber mein Vater hätte sagen müssen: Gebt Lieschen etwas auf ihr Sparbuch. Das hat er nicht getan. Ich hätte ja auch kochen lernen können oder nähen in dieser Zeit. Fünf Jahre habe ich bei meiner Schwester gearbeitet – und *wie* gearbeitet. Die haben mich nicht mal in der Versicherung angemeldet! Die Jahre fehlten mir dann, als meine Rente berechnet wurde. Aber ich als junges Mädchen habe damals nichts vermisst. Mir hat es an nichts gefehlt, weil die die Gastwirtschaft hatten. Die Jugend kam zu uns. Jubel, Trubel, Heiterkeit war da. Groß Woltersdorf ist ja ein sehr hübsches Dorf. Sonntags kamen viele Menschen aus Pritzwalk zu uns heraus, denn in unserem sehr schönen Rosengarten konnte man gut Kaffee trinken.

Ich habe in der Gastwirtschaft gearbeitet und auch in der Landwirtschaft. Frühmorgens musste ich aufstehen und mit dem Wilhelm, dem Arbeiter, die Tiere versorgen. Kühe melken, Schweine füttern, Kühe zur Wiese bringen. Wenn auch das Kleinvieh versorgt war, habe ich Frühstück gemacht, dann haben der Wilhelm und ich Kaffee getrunken.

Danach musste ich in die Gaststätte, da kamen schon die ersten Gäste an, die Frühgäste, die Post brachten. Die Post hatten wir auch, nur

Gasthof Groß Woltersdorf

eine Annahmestelle und das Telefon. Wenn zwischendurch Telefongespräche kamen, musste ich das auch erledigen. Ich habe die Gaststätte sauber gemacht, und wenn Gäste kamen, die kurz was kaufen wollten, Zigaretten zum Beispiel, habe ich es ihnen verkauft, wie das auf dem Lande so üblich war.

Vor neune kamen meine Schwester und mein Schwager nicht herunter. Dann war die Gaststätte sauber, jedes Glas geputzt und die Küche gemacht. Fürs Mittagbrot sorgte meine Schwester. Morgens hat sie nur gefragt, was an Anrufen war und ob die Post schon gekommen ist, und dann gingen Wilhelm und ich aufs Feld.

Ich bin einmal in Berlin gewesen bei Bekannten, da wäre ich am liebsten geblieben. Ich habe noch ein paar Mal versucht, nach Berlin zu gehen und dort zu bleiben. Aber meine Eltern haben mich immer wieder zurückgeholt. Mein Vater hatte großen Einfluss auf mich, und ich habe immer wieder gehorcht und war immer wieder ein Dummchen!

Ich hätte mein Leben ja besser gestalten können, wenn ich mehr gelernt hätte. Früher war das so: Wenn man drei Jahre gearbeitet hat, bekam man Schlafplatz und Essen umsonst, man brauchte nichts bezahlen. Ich hätte nähen lernen können, kochen lernen können die ganzen Jahre hindurch und hätte nie bezahlen brauchen! Ich habe gar nichts gelernt, ich habe nicht kochen gelernt, nicht nähen gelernt, den Haushalt nicht richtig kennengelernt von der Pike auf. Alles, was ich kann und weiß heute, das ist das, was ich bei meinen Eltern gelernt habe. Mehr weiß ich nicht, mehr kann ich nicht. Und das reicht, für mich reicht das!

Aber trotzdem … Was hätte aus Ihnen werden können! – Das haben die beiden Stiftsdamen immer gesagt, Fräulein von Heydekampf und Fräulein von Bäckmann. Die eine war Lehrerin im Stift Heiligengrabe.

Wir hätten Sie nur möchten in der Jugend kennenlernen, wir hätten aus Ihnen auch noch was gemacht!

Soll ich's nun bedauern? Ich weiß es nicht.

Meine Eltern waren für mich einfach schon zu alt. Sieh mal, junge Eltern sind doch immer mehr wert wie alte. Sorge mal für acht Kinder! Dann ist dir das Sorgen schon langsam über. Kannst du das solch alten Menschen übelnehmen? Die Enkelkinder haben ja dann schon für meine Eltern mehr bedeutet als ich.

Ich weiß das ja auch, was mir heute der Enkel Sven bedeutet. Wenn du da so ein kleines Ding liegen siehst, und das wird unter deinen Händen groß, und du freust dich – das hat allmächtig viel zu sagen.

Ich hab's meinen Eltern nicht übelgenommen, schöne Jugendjahre habe ich trotzdem gehabt!

Dann lernte ich meinen Mann kennen, der wohnte in Klein Woltersdorf. Über einen riesengroßen Berg musste ich wandern, wenn ich da hinwollte. Und wenn er zu uns kam, sind wir nur in den Wald gegangen, die Berge, die wir da abgewandert sind! Das war sehr schön, ich habe sehr, sehr schöne Erinnerungen an diese Zeit. Zwei Jahre lang waren wir verlobt.

Ehrlich gesagt, ich habe in der Gaststätte so viel gearbeitet und auch verkauft, da habe ich gedacht, ihr gebt mir nichts, ich nehme mir mal was. Und ich habe mir einfach aus der Kasse mal zwei Mark genommen. Vielleicht hat's meine Schwester gewusst, vielleicht nicht. Ich hab einfach so getan, als ob ich da die Rechte hätte. Wenn ich wusste, heute kommt mein Verlobter, der bringt mir ja auch 'ne Tafel Schokolade mit, da hab ich gedacht: Ach, mal kannst ja auch 'ne Schachtel Zigaretten mitnehmen. Das hab ich auch gemacht, dass ich ihm mal eine Schachtel gegeben habe. Aber nicht immer, an und ab. Das durfte ich nicht zu häufig machen, mein Verlobter hätte ja fragen können, hast du die weggenommen? Das durfte ich auch nicht riskieren. Da war ich Diplomat drin.

Meine Schwester wollte immer nicht, dass ich heirate. Meine Mitgift, mein Erbe, was ich von zu Hause bekommen habe, das lag fest, das hatte ich meinem Bruder geborgt, und der brauchte das Geld. Erst in dem Moment, wenn ich heirate, bekomme ich das.

Die Eltern meines Verlobten hatten ihren Hof verkauft, und er bekam seinen Anteil. Mein Verlobter arbeitete, hat pro Tag eine Mark bekommen, eine Mark für jeden Tag in der Woche.

Sonnabend, Sonntag bekomme ich kein Geld, weil ich hierherfahre zu dir, hat er gesagt.

Was will ich mit dem bisschen Lohn machen, ich muss jetzt schon mein Vermögen angreifen. Also, wir müssen jetzt sehen, dass wir uns was kaufen, und wir müssen heiraten. Überlege dir das gut, wie du's haben möchtest!

Da habe ich gesagt: Komm, lass uns auch eine Gastwirtschaft kaufen. Mir gefiel das. Aber dazu ist es nicht gekommen, gerade ein

Geschäft war sehr teuer. Wenn man ein Geschäft haben will, besonders eine Gastwirtschaft, da muss man außerdem flott sein und freundlich zu jedermann. Und das konnte mein Verlobter nicht. Da hat uns auch mal jemand beraten und gesagt: Also, dein Verlobter, der ist absolut kein Geschäftsmann, der ist ein Bauer. Kauft euch mal einen Bauernhof!

Die Bauernhöfe, die es so gab, waren entweder zu klein, oder die Gebäude haben uns nicht gefallen. Wir hatten uns schon einige angesehen. Da saß mein Verlobter eines Tages in einer Gastwirtschaft und hörte ein Gespräch am Nebentisch mit an.

Wir können das olle Ding nicht loswerden, die Eltern werden immer älter und älter. Wir verkaufen jetzt für 18 000 Mark, ganz rund und bunt, wie's ist.

Wie das Gespräch zu Ende war, ist mein Verlobter aufgestanden und hat gefragt und sein Interesse bekundet. Und schon hieß es: Na wollen Sie's ansehen? – Ja!! – Dann lassen Sie doch Ihr Rad hier stehen, und wir fahren mal hin und gucken uns das an.

Das war in Heiligengrabe. Die sind mit dem Auto hin, und mein Verlobter hat sich das nur ganz kurz angesehen, gleich nach Hause gefahren zu seinen Eltern und denen das erzählt.

Ob ick mir das ankiek in Ruhe?

Na, det könnte doch was sein. Nimm 's Lieschen mit und guckt euch das gemeinsam an!

Ich war gerade auf dem Weg nach Brügge und sagte: Wir müssten meinen Eltern das dann ja auch erzählen.

Mein Vater meinte sofort: Kiek det an, kann gar nicht verkehrt sein. Und Bruder Hugo: Na, da komm ich mit!

Wir sind hingefahren und haben uns das angesehen. Zwei Pferde waren da, drei Kühe, zwei Kälber, Sauen und Ferkel, also viele lustige Ferkel und fröhliche Ferkel. Hat mir das gefallen! Ich wär am liebsten gleich dageblieben. Mensch, lass das mein sein! Eine Kirschbaumblüte, und die kleinen Tulpen brachen auf, es war ein Gedicht, dieses Gehöft. Aber ein bisschen verkommen war's auch.

Ich hab zu meinem Verlobten gesagt: Das wär doch 'ne Freude. Mein Bruder meinte, willst du denn nach Heiligengrabe ins Stift als Waschfrau gehen? Von dit bisschen könnt ihr euch nicht ernähren!

Da sagte der alte Herr: Sie irren sich, Herr Dahse. Wer arbeiten will und Lust hat, der kann mit dieser Wirtschaft was werden. Wir leben hier glücklich, und Geld haben wir auch!

Mein Verlobter sagte: Das ist gerade das, was wir wollen, nur so viel für uns beide, und das reicht uns!

Also haben wir gesagt: Das halten wir fest. Dann sind wir zu den Wiesen runtergefahren. Mein Verlobter hat nur gesagt: Ach, is' det schön! Dem hat die Wiese gefallen, und mir hat der Garten gefallen. Ein kleines Festhalten hatten wir also beide schon.

Ich habe gesagt: Ich fahre jetzt nach Hause und hole meine Eltern. Das muss so bald wie möglich geschehen, dass wir das kaufen. Die Rüben waren so groß, die hatten sie schon verzogen. Das hat mir alles gefallen, und gelockt hat's auch! Meine Eltern geholt, seine Eltern geholt, mit der Bahn da hingefahren, wir hatten ja kein Auto. Schwiegervater war ein kluger Mann, der hatte gleich das Sparbuch meines Verlobten mitgebracht. Er hat gesagt: Wie du mir das alles erzählst, das ist ja schon ein kleines Gedicht!

Der Rechtsanwalt in Wittstock hat die Papiere fertig gemacht, mein Schwiegervater überreichte das Sparbuch mit zehntausend Mark, und ab sofort waren wir Besitzer des Hofes und sämtlicher Einnahmen! Es liefen eine Menge Schweine und andere kleine Tiere herum, die sollten verkauft werden. Das hatten wir ja alles mitgekauft, das war alles gleich unser!

Mein Verlobter ist sofort dort geblieben, der ist gar nicht mehr nach Hause, seine Eltern sind alleine weggefahren. Er hat sich wunderbar bei den alten Leuten eingelebt, hat die Tiere gefüttert und wurde prima eingewiesen in alle Arbeiten.

Meine Eltern und ich sind dann auch nach Hause gefahren und haben die Hochzeit besprochen. Das war damals so. Undenkbar, dass ich etwa gesagt hätte, wir bleiben beide da! Wir waren noch nicht verheiratet, das wäre beiden Eltern nicht recht gewesen.

Mein Verlobter und ich, wir wollten nur eine kleine Feier machen, aber meine Schwester redete von einer ganz großen Hochzeit. Alle Geschwister, Verwandten und Bekannten wurden eingeladen. Das Geld, das für die Hochzeit ausgegeben wurde, hätte ich in Heiligengrabe gut gebrauchen können!

Aber mein Verlobter hat dort schon tüchtig

gewirtschaftet, und wenn er zu Besuch kam, sagte er nur: Ach, ich freue mich ja. Du, die Hochzeit bezahl ich schon alleine, so viel Geld habe ich da schon eingenommen! Ich brauch nur noch dich, weiter brauch ick nischt! Komm bloß recht bald!

Dann war die Hochzeit bestimmt, es war am 13. Juni auf einen Freitag. Zum Standesamt sind wir mit der Kutsche gefahren. Unterwegs hat mein Mann immer nur erzählt und geschwärmt von Heiligengrabe.

Mensch, komm bloß hin, dass wir einmal unser Heim alleine haben!

Wie wir vom Standesamt zurückkamen, wurden wir schon empfangen. Die Kutsche war geschmückt mit Bändern und Girlanden, jeder konnte sehen, das ist eine Brautkutsche. Mein Verlobter hatte mir Geld gegeben und gesagt: Eine Sechserbraut sollst du nicht sein! Früher war das so: Kinder standen schon bereit mit Blumensträußchen, und wir haben Geld vom Wagen heruntergeworfen. In einem Körbchen lag das Geld, eingewickelt in buntes Papier. Ich sollte keine Sechserbraut sein, Sechser wurden überhaupt nicht eingewickelt, sondern nur Groschen und ein paar Zwanziger und Fünfziger.

Dann wurde so eine Handvoll Geld genommen und runtergeschmissen für die Kinder. Als wir in Groß Woltersdorf ankamen, habe ich noch einen großen Regen gemacht, erst das Geld, dann die Bonbons, dann sind wir ausgestiegen und haben Kaffee getrunken. Nach dem Abendbrot war Polterabend. Die Jugend aus dem Dorf kam, und manche älteren Leute haben geweint und gesagt: Fräulein Lieschen, wie soll's werden, wenn Sie nicht mehr hier sind? Haben mich alle gern gehabt.

Ich hab nachher mit meinen Eltern und meinem Mann in einer Stube geschlafen, in unserer Hochzeitsnacht. War ja kein Platz vorhanden. Wir beide sind um drei aufgestanden. Komm, lass die beiden alten Leutchen mal alleine schlafen, hat mein Mann gesagt. Wir sind dann unseren alten gewohnten Weg noch einmal gelaufen, auf den hohen Berg im Wald, wo wir uns oft, oft beide getroffen haben. Mein Mann hat die Jacke ausgezogen, da haben wir uns draufgesetzt und haben nochmal erzählt, was wir hier in der Jugend so alles erlebt hatten. Wirklich ein schöner Blick war das, wo wir da gesessen haben. Das war das letzte Mal, dass ich auf diesem Berg gewesen bin.

Zu Hause wurden wir schon gesucht. Wo sind die beeden abgeblieben? Die Braut musste die ersten drei Schippen Polterzeug wegschippen, dann wurde der Wagen mit den Scherben weggeräumt, und die ersten Kutschen rollten schon an. Es gab Musik, Blasmusik. Zwei Brautdiener sagten den Gästen an, wo sie einquartiert waren. Dort wurden dann auch die Pferde untergestellt, und es wurde gleich zum Frühstück gebeten. Wir beiden saßen da wie ein Prinzenpaar, und alle haben gratuliert. Um eins sollte die Trauung in Groß Woltersdorf in der Kirche sein.

Dafür wurde ich geschmückt und geputzt mit Schleier und so, aber nicht zu Hause, sondern bei einer anderen Familie. Dort hat mich mein Mann abgeholt mit Musik und Brautdienern, und vom Hause meiner Schwester aus zogen wir dann in die Kirche.

Danach ging der festliche Teil los, schönes Essen gab's, und es wurde getanzt. Abends um acht kam ein ganz schweres Gewitter, das hat ein bisschen die Gesellschaft gestört, aber dann zog das vorüber. Morgens um vier, das war früher so üblich, wurden die jungen Leute, die schon schlafen gegangen waren, wieder zurückgeholt. Die wurden im Nachthemd aus dem Fenster gezogen und auf einen Wagen gesetzt. Ein paar junge Männer haben den geschoben, und zurück ging's mit Musik zum Gasthof. So mussten die auch tanzen – im Nachthemd. Das war damals auf dem Lande die große Mode!

Wie das alles dann ein bisschen vorbei war, gab's nochmal Kaffee, und morgens um neun fuhren dann alle Gäste weg. Wir haben gepackt und sind auch losgefahren.

In Heiligengrabe wurden wir vom Zug abgeholt. Eine Girlande hing über der Haustür: Herzlich willkommen! Familie Thiele, von denen wir gekauft hatten, boten uns ein Frühstück an, es wurde ein Gläschen Wein getrunken, und der alte Herr hielt eine Ansprache. Zum Schluss stand er auf und sagte: Nachdem wir jetzt unser gutes Mahl eingenommen haben, möchte ich der jungen Frau die ganze Wirtschaft übergeben; der junge Mann hat sie ja schon bekommen. Somit übergeben wir der Hausfrau den Haushalt, und nun soll sie wirtschaften. Und die nächste Mahlzeit uns zurechtmachen! Da habe ich danke gesagt, und meine Schwester rief mir zu: Upston! Aufstehn! Schürze umbinden, du bist die Hausfrau! Ich hab mir dann eine weiße Schürze umgebunden und den Tisch abgeräumt.

Wir hatten ja Fleisch mitgebracht von der Hochzeit, und ich konnte ein großes Menü machen, das war ein lustiger Tag! Mein Bruder und meine Mutter kamen aus Brügge mit einem Pferdewagen an und brachten einen riesengroßen Koffer mit, der war nicht zum Heben. Da war meine Wäsche drin, die Mitgift. Die Hälfte musste rausgenommen und ins Haus getragen werden, so schwer war der Koffer.

Die Nachbarin kam an, mein Mann kannte die schon: Ach, Sie wollen wohl unsere Nachbarin werden. Na da begrüß ick Sie auch!

Meine Mutter sagte gleich zu ihr: Na, Frau Schulz, ich bin ja nicht immer hier, aber seien Sie mal eine Mutter für meine Tochter, sie muss sich ja erst einleben. Nehmen Sie sich doch ihrer ein bisschen an und stehen ihr mit Rat und Tat zur Seite. Und dann haben die beiden alten Frauen die Wäsche ausgepackt. Da fragte die Frau Schulz: Wie viel Töchter haben Sie denn?

Fünf Töchter und drei Söhne.

Na, und sooo 'ne Aussteuer! Haben denn die alle so viel jekricht?

Ja, sagte meine Mutter, ham alle so viel jekricht, und manche noch mehr!

Haben die gestaunt. So hatte meine Mutter für mich gesorgt! Meine Eltern haben sich sehr, sehr um ihre Kinder gekümmert.

Mein Mann hatte schon schöne große Bekanntschaft in Heiligengrabe, und da haben wir dann unser Leben so aufgebaut. Wunderschön war das. Herr Thiele hatte uns noch bei den Stiftsdamen eingeführt. Dann zogen Thieles zu ihrem Sohn, der war Lehrer. Drollig war das, sie haben nichts mitgenommen außer ihren ganz persönlichen Sachen, ihrer Kleidung. Ein Schwein haben sie noch geschlachtet und alles Fleisch eingepackt. Sonst haben die alles dagelassen. In der Küche blieben die Möbel stehen, die Gardinen am Fenster, die Lampen, das Geschirr. Sie haben alles dagelassen: Pfannen, Töpfe, Hacken, Forken, Zentrifugen. Keine Schippe, kein nichts mitgenommen. Aber mit schwerem Herzen sind sie weggegangen. Herr Thiele hatte den kleinen Hof von seinem Vater als Geschenk bekommen und sich so sein Leben aufgebaut.

Sogar den Hund haben wir übernommen,

den Mauschel! Ein Pudel war das, dem wir dann auch sein Gnadenbrot gegeben haben. So ein liebes Tier war das. Also, an den Mauschel denke ich manchmal heute noch!

1930–1938

Ehefrau, Mutter, Witwe

Wie ich dann in Heiligengrabe ein bisschen Fuß gefasst hatte, hab ich dort einfach das Familienleben aufgebaut. Ich habe das Leben genossen, ich hatte einen festen Halt, hab viele Menschen kennengelernt, darunter auch die Stiftsdamen. Von den alten Leuten, den Thieles, habe ich noch viel mitbekommen: wie ich was machen muss und wie's so ist. Wir haben selbst gebuttert, Eier verkauft, Hähnchen aufgezogen und verkauft. Wir hatten auch eine große Schweinezucht, acht Sauen. Kleine Ferkelchen gehabt und die zum Markt gebracht. Wir hatten große Apfelbäume. Die Äpfel wurden gepflückt, in Körbe gepackt und auch auf dem Markt verkauft. So klein haben wir angefangen, und dann haben wir auch beide wirklich einen großen Fortschritt gemacht; das sagte mein Mann immer.

Für mich war das alles erst mal wie ein Märchen. Früher war ich ja immer unterstellt, musste wegen allem zu Hause fragen und hin und her, die Geschwister haben gemeutert und gemeckert über mich. Und jetzt konnte ich selbst entscheiden, selbst das Leben in die Hand nehmen. Jetzt bist du mal Hausfrau und kannst schalten und walten, wie du willst! Das war wirklich sehr schön. Ich hab's meinem Mann gedankt und muss auch sagen, bis heute: Die acht Jahre, die wir gemeinsam gehabt haben, waren für mich reiche Jahre.

Ich habe ihn sehr verwöhnt und vieles, vieles gemacht, was gar nicht meine Aufgabe als Frau gewesen wäre, z. B. dass ich den ganzen Dung ausgebracht habe und die Milchkannen geschleppt. Ob ich damals schon gespürt habe, dass mein Mann nicht ganz auf dem Posten ist? Er war in manchen Sachen so zurückhaltend und hat mich immer machen lassen. Ich hab's aber furchtbar gerne getan, weil ich das so gewöhnt war: zu Hause, bei meiner Schwester, und jetzt ging's gleich weiter so.

1932, zwei Jahre nach der Hochzeit, wurde dann Peter geboren. Als es so weit war, kam ein

Ehepaar Straßenburg mit Sohn
im Vordereingang des Wohnhauses
und auf dem Hof, 1933

riesengroßes Gewitter. Der Wind war so stark, dass die Weizengarben durch die Luft flogen bis vor die Tür bei uns, so ein Sturm war das. Und ich Dumme, also ich war schon ewig dumm und bleibe dumm und ungeschickt! Die Türen klappten, eine Stalltür flog zu, und da war eine Sau eingeklemmt. Ein Ferkelchen ging gleich flöten, das musste ich einbuddeln. Mein Mann war gar nicht so schnell da. Und das Obst war fast alles runtergeschlagen von den Bäumen. Ich habe mir so eine halbe Schürze vorgebunden, bin nach dem Garten gegangen und habe das ganze Obst eingesammelt und weggeschleppt. Und das war wohl nicht so klug.

Den andern Tag war ich nicht ganz auf dem Posten. Wir hatten Peter ja noch gar nicht erwartet. Da wurde er geboren, ein Siebenmonatskind. Durch die Anstrengung hatte ich das Kind wohl ein bisschen abgebunden, so was Dummes! Aber ich wusste ja nichts, keiner war da, ich war alleine und habe gehandelt. Ich bekam Bauchschmerzen und Rückenschmerzen, und die Hebamme wurde geholt.

Ich lag in meinem Bett, und die hat sich unterhalten und unterhalten mit meinem Mann und sich dabei ihre Hände gewaschen. Ich habe

Sohn Peter, drei Jahre alt

bloß den großen Berg Seifenschaum gesehen. Sie wollte mich doch untersuchen, aber sie kam einfach nicht dazu! Wie lange kann's denn dauern?, fragte ich. Hach, wenn wir die Nacht um zwei fertig sind … Nee, sag ich, das halte ich nicht aus. Schmeiß das olle Weib raus, hab ich im Stillen gedacht, das war ja ein hässliches Frauenstück.

Das fängt erst an, hat sie gesagt, die soll sich ein bisschen beruhigen. Da hab ich gesagt: Papa, Emil, komm doch einmal her!

Tändelei gibt's nicht mehr, später, meinte sie da zu meinem Mann, später! Mein Mann ist trotzdem gekommen, ich habe ihm die Hand gegeben, und dann kam eine Presswehe, und das Kind war da! Dann war das Waschen fertig, alles war fertig, und das blaue Kind war da. Eine Frühgeburt, hat sie gleich gesagt. Na, nun haben wir uns ja was angeschafft.

Alle, die kamen, haben das Kind bewundert und haben das Kind gesehen, aach, und der war ganz blau! Ich habe ihn an die Brust genommen, dass er am Körper erst warm würde, und ihn soo gepflegt und gepflegt, und er ist groß geworden und heute meine große Liebe, meine große Stütze, der Peter, ja!

Nach einem Jahr war der Peter ein dicker Pummel, und so hat ihn Schwiegermutter fotografieren lassen. Eine schwierige Zeit, da lag ich nämlich im Krankenhaus.

Es hatte geregnet, und ich bin zum Melken gegangen, mit dem Handwagen. Die Kühe standen ganz hinten auf der Wiese, sie hatten sich unter das Schuppendach gestellt. Ich war ein bisschen bequem und wollte nicht hinlaufen. Hab gerufen, aber die Bande kam einfach nicht! Na, muss ich euch noch ranholen, dachte ich. Ich saß auf dem Koppelrick, auf der obersten von diesen vier Stangen, mit denen die Koppel geschlossen wird, und hab gerufen und gerufen. Schließlich bin ich von oben runtergehüpft, ausgerutscht und sitzen geblieben. Ich konnte gar nicht mehr hoch, solche Schmerzen hatte ich. Eine ganze Stunde hab ich so gesessen. Ich wusste nicht, dass ich wieder schwanger war. Als die anderen Familien zum Melken kamen, hat Frau Falkenhagen mich rufen hören und mich auf dem Handwagen nach Hause gezogen. Ich wurde ins Bett gebracht, und plötzlich bekam ich ganz starke Blutungen. Die Krankenschwester, die gerufen wurde, fragte: Haben Sie gepfuscht? Die dachte, ich hätte heimlich abtreiben wollen. Eine Fehlgeburt war es nicht, aber ich fühlte mich elend und krank. Jede Woche ging ich zu einem Arzt zur Bestrahlung, und schließlich kam ich ins Krankenhaus. Früher gab's Salzspritzen statt Blutübertragung. Ich musste ja sagen zu einer Operation. Da wurde ich wegen einer Bauchhöhlenschwangerschaft operiert, ich war nur so am Rande des Lebens, ganz am Rande der Zeit.

1935 ist dann Gerda geboren worden. Die habe ich voll ausgetragen. Das war eine Normalgeburt, da wusste ich ja schon mehr. Da hab ich nicht so dämlich gehandelt wie beim Peter beim ersten Mal. Aber auch das war eine Hausgeburt, wir kamen nicht ins Krankenhaus. Alle Geburten waren im Hause. Meine Mutter war da und auch die Hebamme. Aber die Gerda wurde ja nur ein halbes Jahr alt. An einer Hirnhautentzündung ist sie gestorben.

Es fing an mit einer Kurzlähmung: Guck mal, Papa, der eine Arm!

Ach, mein Mann liebte das Kind so sehr, der hat sie getragen und überallhin geschleppt. Keiner durfte mir das Kind an die Brust legen, das hat immer mein Mann getan. Wenn das Baby getrunken hatte, hat er's im Arm gehalten; bei ihm musste es aufstoßen. Die Leute sagten: Ihr Mann hat direkt einen Vogel, wie er das kleine Kind herumträgt und verwöhnt. So sehr geliebt hat er das Kind. Der Peter, das war ja schon immer mein Junge, und er liebte eben seine Tochter. Und wie die gestorben ist, war mein Mann ganz vergrämt.

Die Leute sagten immer nur: Ach, Ihr Mann sitzt ja so viel an der Gerda ihrem Grab!

Dann ist seine Krankheit zum Ausbruch gekommen. Du musst mir den Hals einreiben, du musst mir hier was machen, da was machen; so ging es den ganzen Tag. Er musste in ärztliche Behandlung, wurde schlapp. Hat aber weitergearbeitet. Missmutig wurde er dann, hat mit dem Pferd geschimpft.

Die Kinder hatten früher so kleine Krückstöcke, und ich hab dem Peter auch so einen gekauft zum Geburtstag. Papa, guck mal, was Mama mir gekauft hat! Na, komm mal her, den werden wir gleich ausprobieren. Nimmt den Stock und haut meinen Jungen. Ich hätte mich

Tochter Gerdas Grab

totweinen können. Haut einfach so den Jungen!

Dass mein Mann schon längst in ärztlicher Behandlung war, durfte ich nicht wissen. Ich durfte nicht nach Wittstock fahren, ich durfte nicht alleine zu meinen Eltern fahren, so fest hatte mein Mann mich in den Zügeln! Schließlich habe ich meiner Schwester Grete geschrieben, du komm doch mal mit deinem Mann zu uns. Da hat mein Schwager aus Hamburg, der war Polizist, ein sehr kluger Polizist, der hat gesagt, weißt du was, hier musst du was unternehmen. Dein Mann ist psychisch krank. Der kann nichts für das, was er macht. Der ist ernstlich krank, der ist kränker, als wir denken.

Er hat sogar gesagt, er will unser Pferd totschießen. Hoffentlich macht er das nicht!

Habt ihr denn so ein Schietding da?

Na klar haben wir eine Pistole, die liegt oben im Kleiderschrank.

Die versteck mal, sagte mein Schwager.

Ich also auf den Boden, um die Pistole zu verstecken. Mein Mann muss das schon viel länger gewusst haben, dass er krank ist, auch körperlich. Er war Soldat gewesen und hatte eine Gasvergiftung abbekommen. Sein Mund war nicht

Schwester Grete und ihr Mann,
Polizist in Hamburg

in Ordnung, der Zahnarzt sollte die Zähne wieder richten, und der muss ihm denn gesagt haben, dass er lungenkrank ist und Rachentuberkulose hat.

Die Leute haben auch schon ein bisschen Abstand genommen von ihm, weil er so gehustet und gespuckt hat. Er ging ja auch viel in die Gaststätte, aber eines Tages kam er gleich wieder zurück.

Na, Papa, war heut nichts los?

Ich bekam keine Antwort, er ging still in sein Zimmer. Auf dem Weg zum Feld traf ich dann einen guten Bekannten von meinem Mann, und den habe ich gefragt.

Da ist doch wat Dummet passiert, sagt der. Wir wissen doch, dass Emil krank ist, und er hat ja schon sein Extraglas beim Gastwirt. Emil kam etwas später. Wir waren da schon in Stimmung, und jemand sagt zum Wirt: Bring mal Emil sein Glas! Da hatte er schon in der Gaststätte sein Schnapsglas für sich und sein Bierglas, und das hat er nicht gewusst. *Ein* Glas, hätte der andere sagen müssen, *ein* Glas für Emil! Da hat mein Mann sich gar nicht mehr hingesetzt und ist auch nie wieder in eine Gaststätte gegangen.

Dann passierte das mit dem Revolver. Er hat gebadet und zu mir gesagt, er will den Tag über wegfahren. Dabei wollte er das gar nicht. Er wusste, dass er sterben muss, und wollte nicht allein aus der Welt gehen, er wollte mich mitnehmen.

Wie er dann in sein Bett gehen will, hat er den Revolver gesucht. Der lag in einem sehr hübschen Kasten, aber ich hatte den ja schon versteckt, weil mein Schwager das gesagt hatte.

Ich hörte nur von der Küche aus, wie die Tür von unserem Schlafzimmer knallte. Also, ich hab gedacht, es wäre keine Scheibe mehr heil, so hat er die Tür zugeschlagen. Ich rannte gleich hin und fragte: Was ist denn hier passiert?

Da sagte er: Du hast mein ganzes Leben ruiniert, wo ist der Revolver? Ich muss sterben, und dich lass ich nicht alleine, du sollst von keinem Mann ausgenutzt werden. Das Kind bleibt am Leben, das bekommt meine Schwester Meta.

Dann ist er in der Wohnung rumgelaufen, in die Stube gerannt und hat alles, was oben lag, runtergehauen. Das sah aus! Ich hatte noch ein paar Gläser da oben zu stehen, mit Eingewecktem, alles flog runter. Ich bin in die Schlafstube gerannt, hab meinen Jungen geschnappt, wir sind durchs Fenster geklettert und abgehauen zu unseren Nachbarn.

Wie ich auf den Hof kam, den Jungen im Arm, da hat die Nachbarin nur gesagt: Nun ist es passiert!

Ich hab gejammert: Tante Bethke, Tante Bethke, warum hast du mich det nich schon eher gesagt? Das hätte ich doch merken müssen, sagt der alte Herr. Da haben sie mir erzählt, was sie beobachtet haben: Wir hatten so einen Stein, auf dem immer die Sensen geklopft wurden. Auf diesem Stein hat mein Mann gesessen, manchmal eine ganze Stunde lang, den Kopf in den Händen. Was der sich wohl noch aussinnt, haben sich die Leute schon gefragt.

Ach, Tante Bethke, kommen Sie doch mit, kommen Sie mit, lassen Sie mich nicht alleine! An dem Tag hätte sich mein Mann das Leben genommen, wenn wir nicht gleich rumgegangen wären. Er saß im Kuhstall, hatte alles mit, und da haben wir ihn gerade so gerettet.

Danach bin ich zum Arzt gefahren. Der hat gesagt, also Ihr Mann ist dann und dann hierher bestellt. Ich werde versuchen, dass er nach Lippspringe kommt, in ein Sanatorium. Zwei Mann kamen und haben ihn im Auto abgeholt.

Da sagte er zum Abschied: Ich fahre jetzt weg und bekomme das alles hier nicht wieder zu sehen!

Ein Dreivierteljahr war mein Mann in Lippspringe, dann kam er in ein katholisches Krankenhaus nach Paderborn. Die Sprache war bei ihm völlig weg. Weihnachten wollte ich ihn eigentlich besuchen, aber dann hieß es, er kommt nach Hause. Bis Wittenberge hat ihn eine Schwester gebracht, hat ihm noch eine Spritze gegeben. In Heiligengrabe ist er dann ausgestiegen. Hat nicht gegrüßt, gleich Richtung Heimat. Zwei Bahnbeamte haben ihn beobachtet. Er hat getaumelt, sich auf eine Bank gesetzt, dann an einen Baum gelehnt. Eine Stunde hat er gebraucht bis nach Hause.

Irgendwann klopfte es.

Ich bin's, mach auf, ich fall gleich um!

Wir haben hier schon gewartet, warum hast du nicht angerufen?

Alles vorbei, sagt er. Ich bin krank. Hat sich an den Ofen gesetzt, in der Stube war's warm. Solange die Spritze angehalten hat, konnte er noch ein bisschen reden, nicht richtig. Er wollte Hühnerfleisch, und ich hatte zum Glück etwas eingeweckt. Hab ihm was zu trinken geholt.

Wie dann die Spritze nicht mehr gewirkt hat, ist er zusammengebrochen.

Drei Tage später wollte er ins Krankenhaus. Er kam in ein Einzelzimmer hinten im Haus 2, wo die ansteckenden Krankheiten sind. Wie er hereinkam, hat er bloß gesagt, jetzt bin ich zu Hause. Seine Sachen ans Bett gehängt, wie die Kranken das so machen, sich fertig gemacht. Herr Doktor, Sie sind meine Rettung! Ein Vertrauen, hat der Chefarzt gesagt!

Acht Tage habe ich meinen Mann gepflegt im Krankenhaus Wittstock. Abends um zehn, zwölf – je nachdem – bin ich nach Hause gegangen, morgens um drei wieder hin. Geschlafen habe ich bei meiner Schwester in einer Bodenstube. Auf dem Flur musste ich mich ausziehen und waschen. Weil das eine ansteckende Krankheit war.

Im Krankenhaus bekam ich Kleidung gestellt. Als das Abendbrot ausgeteilt wurde, konnte mein Mann zwei Scheiben Brot essen, im Hals war alles frei. So lange hatte er nichts herunterbekommen. Manchmal ist das so, sagte die Oberschwester. Wenn der Appetit da ist, soll er essen! Den anderen Tag war er tot. Das war der 25. Februar 1938. War für mich schwer.

Dann musste ich mich aufmachen, aufrappeln. Zwei Jahre habe ich dazu gebraucht.

Was willst du nun machen? Willst du alleine säen? Die Koppelzäune mussten auch heil gemacht werden. War ja Winter, da hatte ich noch Ruhe. Aber dann?

1938–1939

Allein, aber nicht hilflos

Nach dem Tode meines Mannes wusste ich nicht aus noch ein. Sollte ich nun verpachten und selbst ins Stift arbeiten gehen? Wir hatten ja gute Wiesen, und die Pächter kamen auf mich zugestürzt. Es gab bestimmte Sätze, die mussten sie mir zahlen, aber unter der Hand wollten sie mir alle mehr geben. So sprachen wir das ab, und wir wurden uns schließlich einig.

Es waren doch Hitlerzeiten damals, es gab neue Gesetze, und die müssten eingehalten werden, hieß es, wir müssten das gerichtlich machen. Weil Peter als Hoferbe noch nicht volljährig war, sollte das vom Anerbengericht geregelt werden. Vor Gericht hieß es dann, dass die Pacht immer einheitlich wäre, und ich müsse schon damit zufrieden sein. Ich könne ja auf meinem eigenen Acker mitarbeiten, die Pächter würden mich sicher beschäftigen. Da sagte ich:

Na, auf meinem eigenen Acker für andere Leute arbeiten, das käme wohl nicht in Frage! Und die anderen schwiegen. Meine Pächter, die vorher alle meine Freunde gewesen waren, die waren jetzt gar nichts mehr. Schweigende Menschen saßen hinter mir. Dreimal hat der Richter mir den Mund verboten, aber ich war so in Fahrt mit meinem Temperament und meinem Ärger: Für das Geld verpachten? Dann ziehe ich alles zurück und wirtschafte selbst!

Da sagte der Kreisbauernführer, ein Parteibonze: Frau Straßenburg, wir sind ja auch noch da, dann werden wir Ihnen die Wirtschaft eben abnehmen!

Aber nur mit Zwang! Freiwillig gebe ich sie nicht her, war meine Antwort. Ich gehe jetzt nach Hause und werde nicht wie Sie in Kneipen sitzen, trinken und essen und reden. Ich werde an die Arbeit gehen und mich ganz stark machen und beweisen, was ich kann! Meine Wirtschaft bleibt erhalten, damit sie später mein Sohn bekommt.

Dreimal den Mund verboten! Nein, ich sage es, wie ich's meine, ich muss es jetzt loswerden, und bitte schön, Herr Kreisbauernführer, jetzt haben Sie das Wort, und ich gehe nach Hause.

Peter war fünf Jahre alt. Kindergarten gab's nicht. Wo gab's früher einen Kindergarten? Da musste ich ihn eben mitnehmen aufs Feld, hab ich ihn mitgeschleppt. Ich bin morgens hinter dem Pflug gelaufen, eine Reihe um die andere. Wenn ich jetzt die großen Traktoren sehe, wie die so über die Felder fahren, dann denk ich: Der hat fünf Schare hintereinander, und du bist eine Pflugreihe nach der anderen, eins nach dem anderen hinter dem Pferd hergewandert und hast alles so schön gemacht. Und ich weiß nicht, ich bin dankbar dafür, dass Gott mir diese Kraft gegeben hat, dass ich das konnte. Das Häusliche und die Wirtschaft.

Wie soll ich das bloß machen, Emil ist nicht mehr, wie soll ich das machen?, fragte ich meinen Vater damals. Der sagte immer: Wie die andern auch! Wenn die nach dem Feld fahren und pflügen, musst du auch was machen, wenn die säen, säst du auch. Musst dir Gedanken machen, wie ihr das gemacht habt gemeinsam mit Emil. Ihr seid vorwärtsgekommen, du schaffst das auch.

Und wirklich habe ich das geschafft. Und gut geschafft, sodass ich heute sagen kann, ich habe allen einmal etwas vorgemacht!

Ich hab dabei immer gute Kontakte gehabt. Trotzdem gilt: Einfach lässt sich's sagen, aber es ist schwer getan. Diese Kraft zu haben und diesen Mut! Manchmal bin ich abends auch mutlos ins Bett gegangen.

Meine Schwester hat immer gesagt: Du bist krank, du bist krank! Was ist denn an dir dran? Du bist ja so elend und so schwach. Sie hat gedacht, ich bin lungenkrank, angesteckt von meinem Mann. Schließlich hat sie mich angemeldet zu einer Gesundheitskontrolle.

Ich bin durchleuchtet worden, ich bin untersucht worden, und dann hieß es: Ich bin am Ende mit meiner ganzen Kraft. Gesund bin ich, aber eine Erholung wäre nötig! Da ist meine Schwester jeden Sonntag gekommen, hat gekocht und gemacht, und ich konnte mal länger schlafen und mich erholen. Ich war einfach überarbeitet. Tagtäglich geschuftet und alle schweren Arbeiten selbst erledigt!

Aber ich war gerne Bäuerin, ich habe gerne Tiere gehabt und habe auch immer bei allem Wirtschaften Glück gehabt. Glück musst du haben!

In der Molkerei habe ich mir einen guten Bekannten verschafft und so meinen Bestand aufgebaut. Ich hatte Milchkühe mit ganz hoher Leistung. Der von der Molkerei hat alles aufgeschrieben, Milchproben und Fetteinheiten, das hatte der alles im Buch. Ich habe gezüchtet und immer zu guten Preisen verkauft. Der Kreisbauernführer sollte mir dann eine Auszeichnung überreichen von der Molkerei. Ich sollte Milchkannen, Siebe, Kopftücher und tausend Mark bekommen, weil ich eine so hohe Leistung erbracht hatte. Nee, hat der gesagt, das mach ich nicht. Ich habe mit der Frau so einen Tanz gehabt vor Gericht, und jetzt soll ich ihr eine Auszeichnung geben? Da hat er das dem Ortsbauernführer übertragen, der kam mit der Kutsche, zwei schicke Pferde davor. Ich wurde abgeholt, und dann wurde mir das überreicht, die Auszeichnung. Das war natürlich eine schöne Sicherheit.

Durch meinen Schwager habe ich vieles gelernt. Der war Schlächter und hat auch mit Nutztieren gehandelt und mir manche Hinweise gegeben, so manchen Blick beigebracht. Ein großer Tierwisser war das, das hat mir immer gefallen. Wenn wir die Kühe so angepackt haben, vorne unterfassen und den rechten Fuß hochheben und anziehen, da wusste man, ob die Füße, die Klauen, gesund sind.

Lieschen mit Milchziege

Ich war gerne Bäuerin! Ich habe gerne Tiere gehabt, sehr gerne! Es war ja keine große Landwirtschaft, ich hatte eine Tierwirtschaft. Wir haben mehr aus den Tieren herausgeholt als aus der Landwirtschaft. Mit den Ferkeln bin ich zum Markt gefahren, habe sie dort immer gut verkauft. Wie viele Nächte habe ich im Schweinestall gesessen und die Ferkel aufgezogen!

Dann bin ich in die Dörfer gefahren, wo viele Ziegen waren. Auto gab's nicht, ich hatte einen Pferdewagen, da habe ich mir so zehn, zwölf Ferkel eingeladen und bin in die kleinen abliegenden Dörfer gefahren, nach Heidelberg, Hohe Heide. Habe geklingelt und Ferkel verkauft.

Jahr für Jahr ging das so: Och, zwei oder drei, wie viel wollen Se denn noch haben? Na, komm ich denn mal wieder mit vorbei, bring ich Ihnen welche. Wann wolln Se die haben?

Ja, ja, bringen Se mal denn noch een paar Ferkel!

Die Leute haben den Weg gespart, und ich habe ihnen die Ferkel hingebracht. Also, lustig war det immer, ich hab's immer so gerne getan!

Lieschen mit Arbeitspferd,
Peter reitet, 1939

Im Februar, März, da lammen die Ziegen, und die kleinen Leute auf dem Lande früher, die Gutsarbeiter oder Waldarbeiter, die hatten ja höchstens hier ein bisschen Gras und da einen Rasen und da. Da haben die überall Ziegen gehabt, die liefen rum. Und wenn die Ziegen gelammt haben, dann wurden Ferkel gekauft. Und du glaubst gar nicht, wenn die Zeit da war, und die haben die Ziegenmilch gekriegt, die haben sich rausgerubbelt und sind gewachsen, so schnell, dass die Leute manchmal gesagt haben: Also bringen Sie uns bloß nochmal Ferkel, die sind ja viel zu schnell groß geworden!

Na, ich komm dann wieder mit vorbei, ich guck mal, füttern Sie man noch ordentlich.

Ich hatte Freude dran und hab auch oft ein paar liebe Worte gehört. Und ich bekam immer mein schönes Geld für die Ferkel.

Ich hatte viel Heu, wir haben manchmal 32 Fuhren Heu eingefahren. Da blieb immer etwas übrig. Im Winter kam ein Händler zu uns, der sagte: Hast noch viel Futter? Ja? Möchtst noch Tiere kaufen?

Na ja, wo gibt's denn noch Tiere zu kaufen?, hab ich gefragt.

Ach, bei denen stehn noch ein paar, und bei denen sind noch ein paar gute, die wollen verkaufen. Die haben kein Futter mehr, fahr mal rüber!

Da bin ich hingefahren und hab Tiere gekauft. Im Januar, Februar hab ich mir Kühe gekauft oder eine Stärke, in den Stall gestellt und gefüttert. Und im Frühjahr nachher auf die Weide getrieben.

Also, ich habe damals schon, wenn ich es mir überlege, Parzellenwirtschaft betrieben. Was sie heute erst machen, das hab ich vor Jahren schon gemacht.

Da wurde immer gesagt: Wie mockste denn dat?

Hab ich gesagt: Na, hab alle acht Tage wieder frisches Gras.

Na, du bist ja …

Die Leute konnten's gar nicht glauben, weil wir so eine kleine Wirtschaft hatten. Soo viel Arbeit hab ich mir gemacht. Und das wurde immer wieder gelohnt, die Arbeit, und hat mir so viel Freude gemacht, dass ich immer wieder neuen Mut hatte. Und der Peter immer fleißig mitgewirtschaftet!

Die Leute haben sich damals darüber amüsiert.

Was machst du denn, hast schon wieder eine neue Methode?

Ich hatte einen Hund, einen schönen Schäferhund, den habe ich zwischen zwei Pfählen an einem langen Draht laufen lassen. Da ist der immer hin und her. Kühe gingen gar nicht rüber, obwohl da kein elektrischer Zaun war.

Wenn die Kuh über den Draht wollte, ist der Hund angelaufen gekommen, und bums, hach, hach – hat er sie zurückgetrieben.

Im Dorf war ich sehr für mich alleine. Ich war in keinem Frauenbund, nicht in der Partei, kein Kränzchen gehabt. Die Leute dachten ja zunächst, ich stecke sie an.

Wenn ich mal einen Nachbarn um Hilfe gebeten habe in der ersten Zeit, ich kam mit dem Pflügen ja nicht gleich zurecht, dann halfen mir die Männer gerne. Aber bei den Frauen hieß es dann gleich: Das Schwarz, das kleidet sie ja gut! So eine Missgunst war das! Ich bin dann bald ganz in Einsamkeit versunken.

Da sagte mein Bruder: Du müsstest dir eigentlich ein Auto kaufen. Es gibt doch jetzt diese Volkswagen, die sind man billig, kaufst dir einen.

Schließlich habe ich gesagt: Ick kauf mir jetzt einen Wagen, um mal ein bisschen herauszukommen. Da habe ich den Führerschein gemacht.

Aus Pritzwalk kam der Chef von der Fahrschule an, der hat uns abgeholt, wir waren zu dritt. Erst kam ich ran mit Fahren und dann der und Soundso. Das war ein ganz Intelligenter.

Ob ich einen Pferdewagen fahren, ob ich kutschieren könnte?

Na, sagt er, denn setzen Se sich am Steuer, nehmen Se das Lenkrad, denken Se, das is eine Leine. Wolln Se rechtsrum fahrn, dann ziehn Se so runter, und wenn Se linksrum fahrn, dann so. Geradeaus, dann halten Se das Steuer schön locker und so. Hat er mir das so irgendwie ganz prima beigebracht.

Nun wollen Se das Pferd ansteuern, nun nehmen Se den Fuß, den Hebel, treten Se ein bisschen kräftiger zu. Den einen Fuß auf der Bremse, so – nu ersten Gang, zweiten Gang, schalten.

Das war noch Stangenschaltung. So hat er mir das gezeigt, und dann hat er gesagt: Na, das sieht ja schon ganz schön aus. Nun man langsam anfahrn. Natürlich hat's am Anfang auch manchmal gestoppelt.

Er trank bei uns dann Kaffee, aß auch manchmal Frühstück, und wir sind auch mal ein bisschen in der Stadt eingekehrt und so.

War ein richtiger Kavalier für mich. Und nun sollte ich doch bald meine Prüfung machen. – Na ja, da schick ich Ihnen morgen mal meinen Fahrlehrer.

Komm ich am nächsten Tag an und setz mich, da sagt der Fahrlehrer: Bitte schön, auf den Fahrersitz.

Ach, sach ick, muss ick det heut alles alleine machen?

Na, was denken Sie, sagt er, warum ich heut gekommen bin? Sie wolln doch Autofahren lernen, sie wolln doch nich immer daneben zu sitzen haben!

Nee, sach ick, einmal möcht ick ooch alleine fahrn.

Er: Na, nu bitte schön.

Dann hab ich mich da hingesetzt. Na, meiiine Güte, wie is det nun alles komisch! Ich hab mich angestrengt, und los ging's!

Richter hieß der Fahrschullehrer.

Na, sag ich hinterher, Herr Richter, sind Se

denn jetzt ein bisschen mit mich zufrieden? Es könnte noch bisschen besser sein, sagt er, denn Sie wollen ja Ihren Führerschein machen.

Ach bitte, sorgen Sie doch dafür! Sie kriegen 'ne Ente, ich schenk Ihnen 'ne Ente, wenn ich meinen Führerschein mache.

Er kam dann den andern Tag wieder. Ganz streng hat er mich behandelt, er hat mich eben ernst genommen. Schicken Sie den Chef gar nicht wieder, sag ich, kommen nur Sie alleine, denn ich steuer das Auto schon ganz schön. Dreimal zusammen gefahren, dann mussten wir Prüfung machen.

Wir waren vier Mann aus unserer Gemeinde bei der Prüfung. Ach, und ich hab gefroren. Ooch nee. Am Bahnhof sind wir ausgestiegen, und wie wir durchgehen wollen durch die Sperre, da kommen zwei Schornsteinfeger an. Und ich sage hallo, hallo, hallo. Hab mich so gefreut, dass die schwarzen Kerle da vorbeiliefen.

Aber gefroren hab ich. Herr Richter, sagte ich, wissen Sie was, es is' ja so kalt, ich friere so. Da sagt er: Frau Straßenburg, der Ofen glüht, Sie frieren innerlich vor Angst. Der Ofen kann nicht heißer sein. Beruhigen Sie sich mal ein bisschen und denken Sie ein bisschen nach, und dann geht's gleich los.

Dann hat er gesagt, also zur Fahrt zugelassen sind die und die und die. Ach, der Herr Henning aus Heiligengrabe, der leitete das Sägewerk, um mich hat er Angst gehabt. Er kommt ja durch, um mich hat er Angst! Aber dann konnte er nach Hause fahren, und ich blieb da. Und die andern auch weg. Ich alleine hab die theoretische Prüfung gemacht.

Im Fahren war ich eigentlich gar nicht schlecht. Der Prüfer sagte zu mir: Bitte wenden Sie auf der Hindenburgbrücke.

Ich hab mein Fahrzeug genommen.

Wo fahrn Sie denn hin?

Ich sage: Auf der Hindenburgbrücke darf man nicht wenden! Bin weitergefahren. Bums, schön gewendet, weitergefahren.

Na ja, dann linksrum!

Wir mussten ja unwahrscheinlich viel schalten, auf jeder Kreuzung mussten wir als Schüler schalten. Jetzt sollte ich rechtsrum fahren. Ach, schalten war nicht möglich, schnell den Winker raus, Gas weggelassen, rum war ich.

Dann sagt er nur: Jaaa.

Ich: Hab ich denn nun bestanden oder nicht?

Er: Sie können schon mal een besteIln!

Weiter hat er nichts gesagt, und wir konnten gehen und einen bestellen.

Ein junger Mann war noch da, und wir haben beide bestanden. Ein Superbengel! Wir haben uns auf der Straße umarmt und gedrückt, an der Hand gefasst und sind da hingegangen, wo die anderen auch alle waren.

Na, denk ich, muss doch meinen Chef einladen: Herr Richter, ich möcht Sie noch ganz, ganz herzlich einladen zum Mittagessen! Wie wir dann alle am Mittagstisch saßen, da hat der eine den anderen eingeladen, und zuletzt waren wir alle eingeladen. Ach, das war so gemütlich beim Essen dann noch!

Anschließend sind wir in eine Gaststätte gegangen, ins Café Kohl. Da haben wir Kaffee getrunken, und schon kamen Leute an, einer von Opel, der wollte Autos verkaufen. Aber ich wollte keinen Opel, weil der so hopst. Ich wollt ja einen Kleinstwagen haben, keinen großen.

Wir haben noch getrunken, dann bin ich zur Toilette gegangen. Aber dann alles stehn und liegen gelassen und ausgerückt, zu meiner Schwester, um Geld zu borgen. Die Else, die wohnte in Pritzwalk in der Burgstraße.

Ich sage, Mensch, borg mir Fahrgeld, ich fahr nach Heiligengrabe. Ich hab alles liegen lassen, das kannst du nachher aus dem Café Kohl holen. Wenn ich ein kleines bisschen getrunken hatte, war ich immer sehr lustig, und ich wollte nichts Dummes tun und einen Vertrag unterschreiben, deshalb bin ich ausgerückt. Am Tag der Fahrprüfung wollt ich doch noch keinen Abschluss machen.

Später hab ich einen DKW gekauft. Das war ein Vorführwagen, so ein taubenblauer. Hübsches Armaturenbrett, auch mit Uhr, das war die Meisterklasse. Mein Bruder hatte nicht die Meisterklasse, der hatte kein schönes Armaturenbrett, auch keine Uhr. Ich hatte das alles, schon mit Blaulicht. Das war ein Fernlicht. Vorführwagen sind immer noch mit die schönsten Wagen, hatte mir jemand gesagt.

Es war Winter, starker Winter, viel Schnee, als ich den Wagen gekauft habe. Ich habe mich hineingesetzt, meine Schwester Else aus Pritzwalk stieg mit ein, und Peter war natürlich immer mein Beifahrer.

Die Schneewände waren so hoch, da konnt ich ja nun nicht weiter weg, bin ich schön sicher gefahren, ziemlich schnell war ich auch.

Mein Bruder stand schon da, Lieschen mit dem Auto, na, da kommt se und nun alle mit Erwartung!

Den Berg runterfahren hatte ich ja gelernt, den hohen Berg mit dem zweiten Gang. Hab gekuppelt und bin im zweiten Gang ins Dorf gefahren. Die hatten einen Pürrer, also ein Bach lief durch das Dorf, direkt am Haus meines Bruders vorbei, da war eine Brücke. Das erste Mal über eine Brücke gefahren! Alles gut geraten. Tor stand auf.

Na ja, jetzt haben die sich in Pritzwalk aufgeregt, dass ich das erste Mal alleine mit meinem Auto losgeschleudert bin. Wie der Chef kam, war ich ja schon weg. Es müsste einer mitfahren, das hätte er doch extra gesagt und so. Dann sind die hinterhergebraust, alle von der Werkstatt, natürlich im großen Horch.

Wir stehen freudestrahlend auf dem Hof und erzählen, wie ich nun gefahren bin und wie alles gewesen ist, und meine Schwester Else hat so gelacht: Ick hef keene Angst, ick föhr mit Lieschen!

Da kommt ein großer Horch den Berg runtergefahren.

Du, wenn dir der begegnet wäre! Der konn-

Baggerführer Schulz, 1942

te mich nicht überholen, war ja an der Seite überall Schnee, der hätte hinter mir herfahren müssen. Wer is' das? Die ganzen Leute aus der Werkstatt kommen an: Ooh, Frau Straßenburg, der Chef hat aber geschimpft. Ich sage: Den lass doch heut schimpfen, ich bin jedenfalls gut angekommen. Ich fahre jetzt immer alleine. Ich brauch jetzt keinen Beifahrer mehr.

Dann haben wir den Tag bei meinem Bruder verbracht, und abends sind wir wieder eingestiegen. Meine Schwester Else sagt: Du, ich fahr mit dir.

Ich fahr wieder über den Bach rüber, rauf und verabschiede mich und tschüs und bin abgefahren. Mein Bruder hat sich in sein eigenes Auto gesetzt und ist hinter uns her. Er hat mich aber nicht eingeholt.

Ich lag schon mit Peter im Bett, da klopfte es. Ich sage: Ja, wer is' denn da? Es war unsere alte Nachbarin.

Ja, sind Sie denn da? De Broder hät anrofn, wie Se ankommen sind.

Frau Bethke, wunderbar!, sagte ich. Wir liegen im Bett und schlafen schon.

Ja, und der macht sich große Gedanken, hat sie gemeint.

Wie gerne bin ich gefahren! Sogar nach Berlin bin ich gefahren, über die Heerstraße rein, und dann bis in die Rintelner Straße. Ich bin durch ganz Berlin mit meinem Auto kutschiert. Gerne! Fahren muss man gerne! Man muss Freude haben am Fahren. Und man muss auch Obacht geben beim Fahren. Von 1938 bis 1942 bin ich Auto gefahren, unfallfrei! Aber da war ja auch nicht viel Unfall zu machen.

Dann wurde bei uns die Autobahn gebaut. Ich wollte ja auch immer zu Geld kommen und hatte deshalb an Autobahner vermietet. Die haben viel Geld bezahlt, haben ja auch viel Geld verdient. Das muss so 1939/40 gewesen sein. Ein Baggerführer war dabei, der hatte ein Extrazimmer bei uns. Gegessen hat er in der Gaststätte.

Abends schöönet Wetter. Kommt er mit seinem Umhang an und zwei Kannen so darunter. Da brachte er uns immer Sprit mit, und ich konnte weiter Auto fahren! Zusammen sind wir über die Autobahn gefahren. Der hat immer für Benzin gesorgt. Ach, das war lustig!

Ich hab meinen kleinen DKW unwahrscheinlich gut genutzt, sogar aufs Feld sind wir gefahren.

Die Leute haben alle gesagt: Nu wird se verrückt, jetzt fährt se schon mit dem Auto nach der Wiese und heut! Melken war se sonntags auch schon mal mit dem Auto!

Damals haben die Leute gedacht, ich wär verrückt. Heute machen sie's alle genau so.

Ich bin viel gefahren. Sonntags morgens um zehn, wenn ich aus dem Gottesdienst kam oder gar nicht zum Gottesdienst gegangen bin, dann hab ich alles fertig gemacht. Die Milch kalt gestellt, Schweine gefüttert. Danach sind wir losgefahren. Abends um fünf, sechs waren wir wieder zu Hause. Wir sind weggefahren und wussten manchmal selber nicht, wohin. Da war Peter schon immer mein Beifahrer. Ich wurde auch wieder ein bisschen fröhlicher und habe mit dem Auto sehr viel überbrückt und die ganze Heirat vergessen.

Wie Peter immer größer und größer wurde, begann das Leid und die Krankheit von meinem Sohn. Er kam in ärztliche Behandlung, und ich habe eine Frau gefunden im Dorf, die betreute ihn orthopädisch. Es war eine Krankengymnastin aus dem Stift, Fräulein von Reiswitz. Großen Wert legte sie auf Abhärtung und Behandlung

Stiftsdame von Heydekampf (links)
mit Freundinnen, 1943

mit kaltem Wasser, kalte Güsse nannte sie das. Wollene Socken sollte der Junge tragen, darauf musste ich achten, damit die Füße schön warm blieben.

Die Wirbelsäulenverkrümmung ließ sich nicht aufhalten, aber das wurde erst sichtbar, als Peter erwachsen war.

Als Schuljunge ging er mittags immer zu Fräulein von Heydekampf und Fräulein von Bäckmann. Dort hat er seine Schularbeiten gemacht. Ich hätte ihm ja gar nicht das Wissen und die Anleitung geben können, wie er sie dort bei den Stiftsdamen gehabt hat. Fräulein von Heydekampf war Lehrerin, am Vormittag unterrichtete sie die Schülerinnen im Stifts-Internat.

Ich hatte Peter ein Fahrrad gekauft. Damit radelte er dann hin zu den Damen. Manchmal gab ich ihm ein Körbchen mit, da packte ich ein Hähnchen ein, etwas Butter, frische Eier.

In der Schule war er sehr brav, immer fleißig und hat auch gefolgt. So ist er seinen Gang gegangen, und dass er schließlich Lehrer geworden ist, darüber bin ich sehr froh und glücklich.

1939–1944

Fremdarbeiter

Als 1939 der Krieg anfing, wurde alles immer schlimmer und schlimmer. Große Autos wurden eingezogen oder stillgelegt. Mein kleiner DKW wurde für die Gemeinde freigegeben. Den Brennstoff bekam ich auch über die Gemeinde zugeteilt, ich bekam eine Nummer und konnte da und da tanken. Unsere Kreisstadt war damals Kyritz. Wenn der Bürgermeister was in Kyritz zu tun hatte, bekam ich einen Tag vorher Bescheid, dann und dann musste ich ihn fahren. Manchmal habe ich gesagt, da braucht doch keiner mitkommen, das kann ich doch selbst holen. Abholen, Papiere hinbringen, austauschen, was so zu machen war. Ich habe unwahrscheinlich viele aus dem Dorf gefahren, die schnell ins Krankenhaus mussten. Viele auch wiedergeholt, viele auch nicht, die dann dort verstorben sind. So wurde mein Wagen für die Gemeinde eingesetzt. Ich musste zu jeder Zeit bereit sein.

Dafür wurde ich bezahlt! Das passte prima, ich hatte ja keine große Landwirtschaft. Wenn morgens die Tiere versorgt waren, hatte ich Zeit bis zum Nachmittag. Es gab noch einen alten Herrn, der hat nach Recht und Ordnung gesehen, und ein Mädel hatte ich auch immer zur Hilfe.

Ich bin viel gefahren für die Gemeinde. Das habe ich mir nicht nehmen lassen, das hat mir auch Mut und Kraft gegeben. Ich hatte ja mit vielen Leuten zu tun, oftmals mit Leuten, die ein größeres Wissen hatten als ich. Und davon habe ich gelernt. Und nebenbei habe ich meine Privatgeschäfte erledigt. In Kyritz fuhr ich immer bei Herrn Wernicke vorbei, der machte Möbeltransporte. Ich nahm ein paar Pfund Butter mit und fragte: Na, wie sieht's denn mal aus mit einem Zentner Zucker oder zwei Eimern Sirup?

Dieser ganze Krieg war ja ein furchtbarer Schrecken. Der Auftakt für uns war: weniger Arbeitskräfte. Wir mussten viel mehr arbeiten und viel mehr abgeben. Die Männer kamen weg, die wurden eingezogen. Die Wagen wurden uns weggenommen. Wir mussten uns gegenseitig aushelfen. Pferde wurden weggenommen, mussten wir abgeben. So viel wurde gar nicht erzeugt, wie wir abliefern mussten in unserer Gemeinde! Die gingen einfach rum, und wenn ich auch gerne die Kuh behalten hätte, das ging einfach nicht, die musste abgegeben werden. Für die Pflichtabgabe gab es ein bestimmtes Geld, wenn wir darüber hinaus etwas abliefern konnten, wurde der dreifache Preis bezahlt. Die Pflichtabgabe wurde nach der Hektargröße berechnet. Ich hatte nur einen kleinen Hof, aber unwahrscheinlich viel Vieh. Mit einem Rind hatte ich meine Pflicht für ein Jahr erfüllt, darum habe ich gute Gewinne gemacht, für meinen Bruder oder für Bekannte abgegeben, Schweinesoll gegen Rindersoll getauscht, bin für Kleinstbauern eingesprungen, die das nicht erfüllen konnten. Das wurde dann berechnet und bezahlt.

Aber die Arbeitskräfte fehlten sehr. Wir bekamen dann Fremdarbeiter zugeteilt. Zu mir kam ein Russe, mit dem hatte ich Schwierigkeiten. Dann ein Franzose, Kriegsgefangener. Der wurde nachher später … ich weiß gar nicht, wie das gewesen ist, Austausch wurde da gemacht.

Ein Ausländer gegen zwei Deutsche, irgendwie. Die kamen nach Hause.

Dann bekam ich einen anderen Franzosen, der hatte 'ne schlimme Hand. Da hatte ich auch nicht viel von, der konnte nicht melken. Also, das war für mich ganz schlimm, wenn er nicht melken konnte, musste ich das machen.

Dann bekam ich wieder einen Russen, einen älteren Herrn, der fiel immer um. Wenn wir irgendwie schwere Arbeiten hatten, plumpste der um. Bums, der liecht um. Ich konnte ja den Kerl nicht schleppen. Da bin ich hingegangen zu meiner Nachbarin. Frau Hamelow, sag ich, wir müssen den wieder ins Bett schleppen, der ist schon wieder umgefallen. Hat sie ein paar Tropfen, Hoffmanstropfen mitgebracht, ihm die gegeben, hat er gelegen.

Dann hat die alte Frau Hamelow mal gesagt: Ich komm mit, dat mach ick mal. Und die is' hingegangen und hat ihn an sein Hammelbein gefasst, hat ihm ein paar rübergeknallt. Da ist er aufgesprungen und hat den Wagen abgeladen. Hat se gesagt: Freundchen, Freundchen, so wat gibt's nich' mehr. Mach hier nich' die Frau so 'ne Schwierigkeiten. Ick heb sehn, wie du grinstest.

Niemals is' der wieder umgefallen! Bald darauf wurde er aber ins Lager zurückgeschickt.

Da hatte ich wieder keine Hilfskraft und bin nach Wittenberge gefahren zu unserer Arbeitsamtsstelle. Ich wusste dort nicht Bescheid, aber jemand von der Forstwirtschaft hat mich mitgenommen, morgens früh, damit wir mit die Ersten sind. Das Arbeitsamt war immer völlig überlaufen. Von unserem Ortsbauernführer sollte ich eine Bescheinigung bekommen, dass ich alleine wäre und einen Mann brauche.

Wie ich hinkomme in die Abteilung Landwirtschaft, da hab ich gesagt: Ich bin Frau Straßenburg aus Heiligengrabe und möchte gerne eine Arbeitskraft.

Ach, Frau Straßenburg, Sie haben eine Landwirtschaft, soundso groß, und Sie haben keine Hilfe, und Sie haben so viele Kühe und soundso.

Woher wissen Sie denn das?

Ja, Ihr Ortsbauernführer hat schon angerufen, dass Sie keine Arbeitskraft benötigen!

Da hab ich alle Kraft und allen Mut verloren, da bin ich zusammengebrochen und rausgegangen und habe mich auf dem Flur hingesetzt und geweint und konnte keinem Menschen ein Wort sagen. Ich konnte keinem Menschen etwas sagen, wie das überhaupt alles vor sich gegangen ist. Ich hab gesagt: Ich will nach Hause, ich will nach Hause, weiter nichts als wie nach Hause, bringt mich nach Hause.

Da kam ein Mann an, das war der Leiter, der hat gesagt: Was ist denn hier los, was ist den Schlimmes passiert?

Ich musste sie rausbringen, sagte da eine Frau, weil der Beamte sie ganz toll ausgeschimpft hat. Dabei hat sie nur ganz bescheiden angefragt.

Wie ich mich besonnen hatte, kam ich dann zu dem Leiter da rein, ich hab gezittert an Händen und Füßen. Dann wurde der Beamte geholt, der mich morgens so ausgescholten hatte.

Kennen Sie die Frau, die da sitzt? – Ja. – Wiederholen Sie bitte die Worte, die die Frau zu Ihnen gesagt hat. Wir möchten das jetzt persönlich von Ihnen alleine hören, was diese Frau gesagt hat und woher Sie alles über sie wissen.

Die haben den sofort entlassen, und der ist an die Front gegangen! Darüber haben sich viele gefreut, weil er nur immer genommen hat von den Leuten und immer eingesteckt hat. Der wurde besteckt bis sonst wohin.

Das Arbeitsamt Wittenberge hat dann gesagt:

Sie werden jetzt vom Arbeitsamt Pritzwalk betreut.

Dort hieß es: Demnächst kommt ein Transport nach Pritzwalk. Sie können sich dort eine Kraft aussuchen. Und da hab ich mir den Miko ausgesucht, einen achzehnjährigen Bengel, den lütten Bengel!

Ich hab meinem Bruder geschrieben: Ick habe jetzt einen jungen Mann, der ist achtzehn Jahre, schwach ist er noch, aber er soll essen und trinken, was er kann, und er soll arbeiten.

Wie ich mich gefreut habe über den lütten Jung!

Aus Russland kam der nicht. Ukrainer war er, sein Vater war Lehrer. Die mussten raus, und Miko kam nach Deutschland und sollte hier arbeiten. So'n Hemd hat er gehabt, so'n schwarzes Hemd, irgendwie mit Kragen und mit Knöpfen runter, und zwei Hosen und einen Beutel. Eine Pfeife war da drin, die hat er immer so geklopft. Machorka hat er in dem Beutel gehabt.

Die Russen konnten nicht Auto fahren, die kannten keine Uhren, kannten keine Fahrräder, kein nichts. Also, das war ganz schrecklich. Und unser Miko konnte nur mit dem Löffel essen, mit einem Holzlöffel hat er gegessen.

Na, Miko, du musst essen, hab ich gesagt. In der Küche. Wir durften mit unserem Ausländer nicht an einem Tisch essen. Wir haben aber in einem Raum gegessen, er hatte da seinen eigenen kleinen Tisch. Miko stand immer, wie wir gegessen haben. Er bekam von mir Messer und Gabel und Löffel, aber er sagte nur: Nein danke, Miko danke. Er konnte damit nicht essen.

Da sagte ich: Na, Miko, danke gibt's nicht, du musst essen. Wir haben viel Arbeit, und Miko muss stark werden, sooo stark werden, und darum muss Miko essen.

Nix versteh essen, Peter zeigen, wie Miko muss essen!

Da habe ich gesagt: Schließ die Tür ab, setz dich bei uns an den Tisch, Messer und Gabel, und nu siehste, wie wir essen, und nu isste mit!

Miko hat bei uns auch Radfahren gelernt. Abends sind wir, sobald er es konnte, zu dritt losgeradelt.

Einen Abend hab ich gesagt: Na, Miko, du sollst morgen pflügen. Komm, ich werde dir mal zeigen, wie du das machen musst. Morgen habe ich keine Zeit, da komme ich nicht mit.

Sind wir beide so nach Tisch aufs Feld

gefahren, an der Gaststätte vorbei, da standen all die Polen und die Ausländer und haben gesagt: Jetzt fährt Miko mit seiner Matka nach dem Feld.

Zu dieser Zeit war die Stimmung unter den Ausländern noch gut. Aber nachher, als die Russen immer näher kamen, änderte sich das. Einige haben sich dann doch nicht mehr so gut geführt, meistens die, die bei den Großbauern arbeiten mussten. Die kleinen Bauern, die waren so eng mit ihren Fremdarbeitern verbunden, die haben denen nichts getan, gar nichts. Die haben sich einfach gegenseitig unterstützt, weiß der Kuckuck. Die Großbauern hatten sich nicht sehr liebevoll gezeigt, und da haben die Fremdarbeiter dann auch nicht so liebevoll gehandelt.

1945

Der Zug der KZ-Häftlinge. Die Russen kommen

Das muss nach Weihnachten gewesen sein. Kalt war's auch schon, wie die ersten Flüchtlinge kamen, Januar 1945. Die ersten Trecks kamen an, und die fingen an zu erzählen. Wir haben gesagt, das ist ja ein Wahnsinn, dass die ausgerückt sind. Warum seid ihr nicht dageblieben? Na, das müssten wir erst mal erleben, wie das wäre, wenn die ersten Truppen kämen! Also, sie hätten alle Angst, große Angst, sagte die Frau Baumgart. Die Deutschen sind auf dem Rückmarsch, und die Russen werden sie bald überholen, es sieht ganz traurig aus. Das hatte ihr Mann beim letzten Heimaturlaub gesagt und einen Wagen vorbereitet und fertig gemacht für den Treck. Auf keinen Fall bleibt ihr hier, das hatte er ihr noch ans Herz gelegt. Sie kam bei uns an mit ihren beiden Töchtern. Sie waren vom Weg abgekommen, wollten eigentlich weiter, noch über die Elbe rüber.

Da bin ich mit dem Fahrrad nach Wittstock gefahren, um mir schnell noch meine Zähne richten zu lassen. Für den Zahnarzt und auch für meine Freunde, Schornsteinfegermeister Schwuchow und Familie, habe ich eine Mettwurst mitgenommen, ein Stück Schinken und ein Stück Speck. Eiserne Ration für beide Teile!

Und wie ich hinkam, da weinten die und sagten: Ach, es ist so traurig, hier kommen die ersten Häftlinge vorbei, seit heute Morgen. Wir verabschiedeten uns, und ich wollte nach Hause fahren, da kam schon wieder ein riesengroßer Trupp anmarschiert, gestreifte Kittel und Mäntel übereinander und so komische Pudels hatten sie auf dem Kopf. Solche ärmlichen Menschen kamen da an, die schon fast nicht mehr laufen konnten. Die kamen alle aus dem Konzentrationslager. Herzzerreißend! Ich konnte nicht fahren, so nah ging mir das. Einer konnte nicht mehr, der wollte niederfallen. Da bekam er einen Stoß in den Rücken, und zwei mussten ihn schleppen. Wie sie dann raus waren aus der Stadt, da knallte das. Sie haben ihn niedergeschossen und am Straßenrand liegen gelassen!

Die Begleitung, die Soldaten, die diese Häftlinge geführt haben, die haben geschossen! Alle fünf, sechs Meter ging rechts ein Soldat, links ein Soldat, sodass keiner ausrücken konnte. Wir haben heute noch Schilder in den Dörfern, wo diese Häftlinge durchgekommen sind, der letzte Marsch aus dem Konzentrationslager.

Zu Hause kam der Peter mir schon entgegen: Mutti, der Bürgermeister war hier, Standquartier, alle Flüchtlinge müssen bleiben. Es geht nicht mehr weiter, alle Strecken sind besetzt.

Das geht doch gar nicht, habe ich gesagt. Frau Bauer hat zwei Töchter, die andere hat vier Kinder. Die muss durch die Stube durch, und wie wollen wir das machen?

Ja, die Kinder wollen immer aus dem Fenster steigen.

Der Kutscher hat bei den Pferden geschlafen, die hatten zwei ganz geschickte Pferde, das waren Russenpferde, so richtig gängige Pferde. Frau Brandt hatte zwei schwere Pferde. Hatte die einen Stall und der einen Stall. Ach, das war gar nicht so einfach, die alle unterzubringen!

Wie es hieß, die Front kommt näher, haben wir uns am Ende auch so einen Wagen fertig gemacht, Plane rüber, wie wir's bei den anderen Trecks gesehen hatten. Dann haben wir alles eingepackt, was nötig war. Die Esswaren zuerst. Ach, wir waren ja so dumm! Wenn wir mit dem Treck losgezottelt wären, zu essen hätten wir nichts gehabt, weil alle anderen Sachen darüber lagen. Zum Lachen war das! Also, man muss lernen, lernen, lernen. Manchmal haben wir gelacht, manchmal auch nicht. Wir hatten einen Handwagen, da haben wir einen Draht rübergespannt und uns fünf Hühner mitgenommen. Und der Hund sollte auch noch mit rein in den Handwagen. Wir hatten immer gedacht: Heiligengrabe brennt, und wir müssen raus bis in den Wald. Viel weiter wollten wir nicht. Dann noch eine Kuh hinten an den Wagen gebunden, die schönste Kuh, die Hedwig, die sollte mitwandern. Die konnte ja im Wald noch etwas futtern. Was wir für einen Plan gehabt haben, ist kaum zu erzählen! Und das war nun alles fertig.

Miko ging immer zu den anderen Ausländern. Polen, Russen, die hatten Zusammenkunft, und die Bauern hatten auch Zusammenkunft. Wir hatten so eine Pflugschar, da wurde gegongt, dann musste jeder wieder zum Treffpunkt. Sieben, acht Bauern aus der Nachbarschaft, wir hatten beschlossen, alle Ausländer mitzunehmen. Miko, sagte ich, du führst den Treck, und du wirst uns beschützen! Plötzlich erklingt wieder die Pflugschar, und Peter ging hin. Treck wird nicht gefahren, hieß es, denn die Ausländer kommen nicht mit. Wir dürfen nicht weg. Wenn wir die Ausländer alleine lassen, zünden die uns das Dorf an. Da sind wir alle zu Hause geblieben. Die Kuh brachten wir wieder in den Stall.

Vor dem Einmarsch der Russen, die Tage waren am allerschlimmsten! Das war eine furchtbar angstvolle Zeit, weil wir nicht wussten, in welcher Gefahr wir eigentlich waren. Dann hieß es, jetzt kommen die Russen! Wittstock hatte sich ergeben, das war ja eine Kommunistenstadt. Am 3. Mai kamen bei uns die Russen.

Sie sind schon auf dem Berg, sie kommen, wir müssen uns ergeben!

Alle waren verborgen, saßen in ihren Bunkern und ihren Verstecken und hatten Angst. Wir mussten eine weiße Fahne raushängen, aber wer sollte das tun? Da hat eine Frau Toppel, eine spätere CDU-Frau, gesagt: Na, wenn keiner den Mut hat, dann gebt mir eine Fahne. Und noch eine Frau, wir beide gehen raus und warten an der Dorfstraße und winken. Wir müssen uns ergeben! Die schossen ja schon. Die beiden Frauen haben dann mit ihren weißen Fahnen gewinkt und die Russen begrüßt: Herzlich willkommen, ihr Lieben, und befreit uns von dem Krieg, macht Schluss, macht ein Ende! Also, die hat denen ein wunderbares Gedicht aufgesagt! Ob die das allerdings verstanden haben? Dann haben wir uns ergeben, und die Russen zogen durch. Bei uns kam Frau Schulz angerannt und hat gerufen: Kommt raus, kommt raus! Die tun uns nichts, die fahren durch und winken und freuen sich! Guckt euch das an, wie die mit ihren großen Panzern durch das Dorf fahrn!

Unsere Flüchtlingsfrau, die hat mir gesagt, Frau Straßenburg, das ist nur der erste Schub, die dürfen nicht, aber der Schub, der nachkommt, das ist der Plünderungsschub, und da müssen wir Bange vor haben!

Miko sagte dann: Matka, decke bitte einen großen Tisch. Butter, Brot, Wurst – was du hast. Setze Teller drauf und etwas zu trinken. Wenn Kamerad kommt, soll essen, bitte, sagt er dann. Hat er draufgeschrieben: bitte! Wie es nun abends dunkel wurde, kamen die Russen. Zu uns kam ein Offizier, ein Vorgesetzter. Sina, die manchmal bei uns ausgeholfen hat, war da. Setz dich mit ihm rein, hat Miko gesagt, gib ihm zu essen, gib, gib! Dann waren die ein bisschen befreundet, und da kam kein anderer Russe zu uns ins Haus. Den Abend. Wir lagen dann alle, Fräulein von Heydekampf, Fräulein von Bäckmann, Frau Heise und was sich alles so bei uns eingefunden hatte, in unserem Haus. Alles war dunkel, geschlafen haben wir trotzdem nicht.

Für manche war diese Nacht furchtbar schwer. Wo eine Uniform gefunden wurde, haben die Russen furchtbar gewühlt. Viel, viel haben die Leute im Dorf erlebt. Eine junge Frau, zerrissene Kleider hat sie angehabt, die Sachen hingen nur so an ihr herunter, die wollte mit ihren beiden Kindern ins Wasser gehen. Aber die Kinder wollten nicht. Warum denn, Mutti, wir wollen doch leben, komm wieder raus aus dem Wasser! Dann ist die wieder nach Hause gegangen mit den Kindern. Eine fünfköpfige Familie hat sich erhängt auf dem Friedhof. Die waren ganz große Hitlerfreunde gewesen. Eine Frau in zerrissenen Kleidern hat sich bei uns lang hingeschmissen und geschrien und erzählt, was ihr passiert ist. Die wollte sich auch das Leben nehmen, aber als sie die fünf Leichen auf dem Friedhof gesehen hat, ist sie umgekehrt. Wir haben sie dann zu Bekannten gebracht, und da wurde sie aufgenommen.

Dann haben wir mit den Russen einfach weitergelebt. Wir hatten eine Russenstube im Haus. Die Russen haben da Lager gehalten und sind den nächsten Tag weitergezogen. Dann kamen die Kuhtrecks. Die Russen haben sich gerne so vierzig, fünfzig Kühe zusammengetrieben und auf einer Weide beim Dorf grasen lassen. Morgens und abends wurden Frauen aus dem Dorf zusammenposaunt. Wir mussten melken gehen, und inzwischen haben die uns beklaut. War das eine Zeit!

Um fünf Uhr nachmittags kamen die Russen, dann sind die nicht mehr weitergefahren. Da musste ich immer kochen. Ein ganzes Schwein brachten sie an und wollten schnell essen. Fleisch, Fleisch! Ich habe auf unserem großen Herd Feuer gemacht und Pfannen und alles hingestellt. Na, hab ich gesagt, wir müssten noch Salz und Pfeffer haben. Ja, ja, ist, ist, brachten sie an. Was sollte ich nun zuerst machen? Machst du Schönes vom Schinken. Scheiben abgeschnitten, gebraten. Oh, prima, prima! Leber gedünstet. Das hat ihnen so gut geschmeckt! Am Ende ließen sie mir das ganze Schwein da, ich wusste gar nicht, was ich mit dem Fleisch machen sollte. So viel Salz hatte ich gar nicht! Wissen Se wat, sagte ich zu Frau Brand, der Flüchtlingsfrau, wir machen das jetzt in großen Braten. Rein in die Pfanne, angesalzen und gemacht und dann im Keller kalt gestellt. Wenn nun welche kamen, haben wir Scheiben abgeschnitten, und wir hatten auch noch selber was zu essen. Zu essen hatten wir bis hier, so viel!

Jeden Abend mussten wir kochen für die Russen. Einen Abend sagte ich zu Frau Brand, wissen Sie was, da ist was im Busche, heute ist große Gefahr, ich weiß nicht, was ich machen soll. Wir standen in der Küche und haben gebraten und geschmort. Sechs Russen saßen in der Stube. Da kam auf einmal ein Russe an und sagte, komm mit und bring dir ein Kissen mit. Musste ich ein Kopfkissen mitbringen. Wenn ich daran denke, möchte ich heute noch zittern! Der wollte mich wohl so für die Nacht haben. Ich bin mitgegangen, durch das erste Zimmer durch, da saßen die Russen noch beim Essen. Im zweiten Zimmer standen zwei Betten. Ich habe das Kissen aufs

Bett geschmissen, bin durchs Fenster gesprungen und habe die Läden zugemacht. Dann bin ich gelaufen, so doll ich konnte. Er verstand nicht, die Läden aufzumachen. Wenn der nur auf den Hebel gedrückt hätte, wäre der Laden aufgegangen! Nun war ich weg. Frau Brand ist vorn aus der Tür gelaufen, zu den Nachbarn oder wo die hingelaufen ist. Ich bin gelaufen und gelaufen. Ich wollte bei Toppels links hoch, aber ich hatte gar keine Puste mehr. Da habe ich mich bei Webers so zwischen Tür und Stall verkrochen. Ich hatte nicht viel an, kalt wurde es auch in den Nächten. Bis morgens um drei habe ich da gesessen und gefroren. Die anderen saßen auf dem Heuboden und hatten die Leiter hochgezogen. Nicht einmal eine Decke haben die mir runtergeschmissen! Morgens um drei konnte man schon was sehen, da hat mich Frau Toppel hereingelassen und mir eine Decke gegeben. Um sechs bin ich nach Hause gegangen. Die Russen waren weg! Die durften ja nur bis zum Tagesgrauen schlafen, dann rückten sie wieder ab.

Am nächsten Abend sind wir auf den Friedhof gelaufen, Frau Brand und ich. In einen Lebensbaum sind wir da reingekrabbelt, der Baum existiert heute noch. Da haben wir gesessen, eng umschlungen, und uns gefreut. Vor Toten brauchste doch keene Angst haben! Und plötzlich mit einmal – da kommt was an! Ganz in der Nähe stand ein Wagen, den hatte der Ortsbauernführer da abgestellt, da war lauter Getreide drauf. Mich hat er tyrannisiert, ich musste das letzte Korn abgeben, und er hat bergeweise Getreide gehortet! Wir haben beide in dem Baum gesessen, und der bewegte und schüttelte sich. Scht, scht – da kommt was an. Sind das Russen? Wir haben beide gezittert. Der Baum wackelte richtig, so haben wir gezittert. Kamen zwei Leute an, bums, Sack aufgeladen und weg damit. Hatten die das schon spitzgekriegt und holten sich Getreide. Deutsche waren das.

Bis in den Juni ist das gegangen. Dann kamen ordentliche Verhältnisse. Die Russen durften nicht mehr in die Häuser. Es gab Kontrollen, und da war Ruhe.

1945 – 1946

Waschküche und Russensauna, Abschied von Miko, Hamsterer und Stiftsdamen

Peter war ja Freund der Russen. Wie haben sie zu ihm gesagt? Partisan, guter Junge, du Partisan! Hundert Meter von unserem Haus war so eine Russenkoppel, da wurden auch manchmal Tiere geschlachtet. Peter ging immer hin. Dann haben die gesagt, du matka korova – melken, also Kühe melken! Nee, hat Peter gesagt, ich nicht, aber Mutti. Da kamen die Russen an, ob ich melken wollte. Wurden wir also morgens und nachmittags abgeholt mit der Kutsche und mussten melken. Aber die Russen haben uns absolut nicht geholfen, und das hat mir nicht gefallen. Hab ich gesagt: Bist du gar nicht Kavalier? Kavalier gut! Manchmal habe ich ein paar Eier mitgebracht, da freuten sie sich und wurden dann doch Kavaliere! Die Kuh anbinden, hab ich gesagt, Matka – ruck, ruck und dann die Milch nehmen und ausschütten und die nächste Kuh anbinden, und du Kavalier! So haben wir uns angefreundet mit den Russen. Peter, der konnte sagen, auf welchem Pferd er reiten wollte, heute der Schimmel, morgen der Braune, so befreundet waren wir!

Als wir abgeholt wurden, haben die Russen gesehen, wir haben eine große Waschküche. Von da an mussten wir für die Russen waschen. Manchmal haben die Damenhemden gebracht, schöne Nachthemden. Da hat sich meine Schwester, die war ausgebombt in Pritzwalk, die hat sich immer was aussortiert. Was sie zurückbekamen, war den Russen egal, die Stückzahl musste nur stimmen! Haben wir gewaschen!

Dann kam einmal der Unteroffizier an, sah unsere Waschküche und sagte: Oh, das ist ja prima! Kamerad baden, alle baden! Ganz heiß! Wie haben sie das genannt? Oh, gut: Sauna, Sauna! Die kamen nackend von der Tür da rüber, sind rein in die Waschküche und nackend wieder zurück, haben sich geputzt und wieder angezogen. Also, das war zum Totlachen! So viele nackte Männer haben wir nie wieder gesehen! Wir waren schon dran gewöhnt, einmal in der Woche kamen die Russen baden.

So war ich befreit von der Arbeit in der Gemeinde. Da mussten die Frauen sauber machen und Munition ausladen. Ich habe Kühe gemolken und gewaschen.

Und Peter war fast ein Russenkind, die haben den gedrückt! Da kam einmal ein Mongole bei uns an, in einer kleinen Kutsche, also wirklich ein echter Mongole mit Schlitzaugen. Man konnte sich vor ihm fürchten. Ich hatte so was noch nie gesehn. Der hatte noch zwei andere mit. Einer hat kutschiert, und einer hat ihm seinen Koffer reingetragen und das Pferd versorgt. Das muss ein Vorgesetzter gewesen sein. Und der hat sich den Peter genommen und dem die Haare geschnitten!

Kind, was machst du? Wie kannst du da reingehen und dir die Haare schneiden lassen?

Mutti, der hat mir nichts getan, der war lieb zu mir. Der hat mir die Haare geschnitten, der hat gesagt, die sind zu lang!

Peter hat sich vor nichts gefürchtet. Und er konnte ein bisschen Russisch durch den Miko. Das war für uns ja sehr gut.

In dieser Zeit kam eines Tages Miko an und sagte: Matka, nun ist alles vorbei, Miko jetzt russischer Soldat. Morgen Miko Uniform anziehen.

Ooch, Miko, sag ich, Miko! Das war, als wenn mir ein Sohn verlorengegangen wäre, wie der von unserem Hof ging. Wir haben geweint!

Miko, hab ich gesagt, was willst du haben von mir? Du hast noch keinen Lohn bekommen. Wünsch dir, was du willst! Da hat er gesagt: Matkas goldene Uhr. Und dann hab ich ihm die *gerne* gegeben! Sina hab ich eine goldene Kette gegeben, ich hab's gerne gegeben, und das war auch recht so.

Miko kam nachher in Uniform wieder. Nun, Matka ist gut, Miko muss auch raboti, so da beim Russen arbeiten. In Blesendorf war er stationiert. Er hat uns noch ein Pferd gebracht und auch eine Kuh, aber das nützte nichts, die sind wir bald wieder losgeworden.

Er kam noch oft bei uns vorbei, aber dann eines Tages nicht mehr. Da war er weg, mit seinem Truppenteil abgezogen, und wir haben ihn nie wiedergesehen! Ob er noch lebt? Ob er in seine Heimat zurückgekehrt ist? Ob er seinen Vater wiedergefunden hat? Miko blieb für uns verschwunden, und wir haben nie wieder etwas von ihm gehört.

Als Miko verschwand, waren wir mit den Hamsterern beschäftigt. Ich bekam Schnaps von meiner Schwester aus der Gastwirtschaft in Woltersdorf und habe den an die Russen in Neustrelitz verkauft. Ein Deutscher, der bei den Russen dolmetschte, der hatte das vermittelt. Dann kam eine Frau, die hatte sich als Krankenschwester verkleidet. Schwarze Haube und ein Kreuz, das hing so lang runter, und ein hellblaues Kleid hat sie angehabt. Die hat Schnaps und Schinken und so was geholt. Hinter unserem Gehöft führte eine Straße zum Friedhof hoch. Da hatten wir einen großen Strohhaufen angelegt und die Sachen darin versteckt. Da haben die das alles weggeholt. Die kamen gar nicht bei uns auf den Hof, wenn die mit ihrem Auto angebraust kamen. Hinten ums Dorf rum, rin, eingepackt und weg. Vor der Tür bei uns spielten die Kinder.

Wo ist das Auto gewesen?

Hatte Frau Straßenburg mit denen zu tun?

Nein, nein. Die Kinder haben bestätigt, dass ich mit dem Auto nichts zu tun hatte. Hinter den Hamsterern waren sie her, immer wieder gab es Kontrollen! Wir haben dann am anderen Ende vom Dorf abgerechnet.

Die meisten Hamsterer kamen aus Berlin. Da bin ich auch gewesen mit meinem großen Rucksack. Die Leute, die zu uns kamen, haben mich mitgenommen. So eine dumme, dumme Frau, wie ich war, ich hätte ja gar nicht alleine nach Berlin gefunden mit der Eisenbahn! Die haben mir wirklich geholfen. Also, durchs Fenster geklettert, für mich einen Platz besorgt. Das war unmöglich, auf den Dächern der Züge haben die Menschen gesessen und im Gang gestanden, man kam nicht durch. Das war damals wirklich eine schlechte Zeit! Mein Bruder lag in Berlin im Krankenhaus. Er war auf eine Tellermine gefahren und hatte Splitter im Kopf.

Der Hunger in Berlin war groß. Jetzt habt ihr die Fülle, aber damals war's doch sehr, sehr flau. Was ich nicht alles mitgenommen habe! Speck und Schinken und Butter, den Rucksack voll Kartoffeln, die Taschen voll. Fürs Krankenhaus hatte ich ein Huhn mitgenommen, die Schwestern haben mich schon erwartet, die wussten, dass ich was mitbringe. Gewohnt habe ich bei der Nichte von Fräulein von Heydekampf und ihrer Freundin. Zwei junge Frauen waren das, die haben sich gefreut und gleich

Pellkartoffeln gekocht, so groß war der Hunger.

Mein Bruder ist dann wenige Tage später gestorben, wir haben in Ostberlin einen Sarg gekauft. Er wurde dann hierhergebracht und ist bei uns beerdigt.

Diese Nichte von Fräulein von Heydekampf hat uns noch oft besucht in Heiligengrabe, auch noch als ihre Tante, die Stiftsdame, längst gestorben war. In der Russenzeit haben wir der ja sehr geholfen.

Das kirchliche Eigentum wurde von den Russen nicht besetzt. Kirchliches Eigentum wurde nicht angerührt, und im Stift war vieles untergebracht, auch von Berlinern! Mindestens acht Tage nach Einmarsch der Russen war im Stift noch Ruhe. Aber dann fingen die Russen doch an zu stöbern und gingen in die Kirche. Dort hatte die SA etwas verbuddelt, und zwar Sekt und Spirituosen! Damit war die Kirche zu einer Räuberhöhle gemacht worden und offiziell nicht mehr Kirche, und dann hieß es, auch die Kirche und das Stift können geplündert werden.

Der Werwolf hatte das angeblich in der Kirche

vergraben. Die Äbtissin war abgehauen, aber sie hatte Fräulein von Heydekampf die Rechte und die Verpflichtung als Äbtissin übergeben, sie war die Älteste und Gewissenhafteste. Papiere und Akten vom Stift wurden im Kreuzgang eingemauert, das ist auch nicht gefunden worden.

Das Stift wurde dann freigegeben, jetzt könnte geplündert werden. Das war in der Abendstunde, auf einmal kam Fräulein von Heydekampf bei uns mit einem kleinen Handwagen an, da hatte sie das mitgenommen, was sie in der kurzen Zeit zusammensuchen konnte. Auch die anderen Stiftsdamen hatten Bekannte im Dorf. Fräulein von Reiswitz und ihre Schwester, die gingen zu Starks, und so fand jeder einen Unterschlupf.

Im Stift hausten die Russen, die haben sich da wohl gefühlt. Für manche Sachen haben die sich gar nicht so interessiert. Aber Deutsche, die gingen da hin und haben geklaut, auch Großbauern haben da was weggenommen. Stift! Die hatten doch ganz besonders viel Porzellan und solche wertvollen Dinge! Stühle, antike Möbel, so besondere Dinge, das haben die sich alles geholt!

Fräulein von Bäckmann, die Freundin von Fräulein von Heydekampf, war aus Polen gekommen und in Heiligengrabe geblieben und wohnte mit ihr zusammen am Damenplatz. Fräulein von Bäckmann sprach etwas Polnisch, und das hat uns bei den Russen sehr genützt.

Wenn die kamen, ist sie immer mit ein paar Worten auf die zugegangen und hat sich unterhalten. Die waren dann vom Mitnehmen und Habenwollen etwas abgelenkt, wenn Fräulein von Bäckmann mit ihnen sprach.

Fräulein von Heydekampf verstand nicht auszufegen, die konnte sich keine Schuhe putzen, kein nichts. Aber sie wollte unbedingt mithelfen. Sie hat den Tisch gedeckt, abgetrocknet und bei der Wäsche geholfen. Sie hat die Wäsche gelegt nachher, wie wir für den Russen gewaschen haben. Die Damen gingen mit dem Hut. Fräulein von Heydekampf, wenn sie bei uns aus dem Haus ging, und wenn sie nur über den Hof ging – wir hatten noch keine Innentoilette –, hat sie den Hut aufgehabt. Da haben die Leute sich amüsiert: Die Frau geht mit dem Hut auf die Toilette!

Fräulein von Bäckmann ließ sich vom Kochtopf überhaupt nicht wegbringen und ging gleich mit mir in die Küche. Das ging alles nach der Uhr, das hatte sie im Kopf. Wann wollen wir essen? Dann wird das Fleisch angesetzt, das machte sie alles von selbst. Ich hab mich dran gewöhnt, hab vieles gelernt dabei und erinner mich noch heute, ich mach vieles seitdem auch so. Sie hatte die Regierung in der Hand. Wunderbar, fand ich. Fräulein von Bäckmann war schon über achtzig, da hat die noch bei uns Holz gehackt. Die Russen hatten uns eine ganze Miete Holz weggenommen, es musste Holz gehackt werden. Ihr eigenes Beil hatte sie mitgebracht. Damit ist sie an den Holzklotz gegangen und hat tüchtig gehackt. Erstaunlich, was die konnte!

Fräulein von Heydekampf war sehr groß und hatte nachts Hunger, sagte aber nichts. Sie hat dann immer ein bisschen Keks oder trockenes Brot geknabbert. Ich hörte einmal mit an, wie Fräulein von Bäckmann zu ihr sagte: Wie ein Hase sitzt du nachts in deinem Bett und knabberst. Das geht nicht, du machst mich munter!

Wie ich das gehört hatte, habe ich immer eine große Scheibe abgeschnitten, tüchtig Butter raufgemacht und ihr das Butterbrot ans Bett gestellt. Die brauchte öfter mal Essen, weil sie eine große, stattliche Person war.

Eine wunderbare Zeit haben wir zusammen verlebt, bis die beiden Damen wieder zurückkonnten in ihr eigenes Haus. Das war nach einem halben Jahr, da gaben die Russen das Stift frei.

Fräulein von Heydekampf hat den Peter unterrichtet, und das war für mich mehr wert, als wenn sie Schuhe geputzt und sauber gemacht hätte. Das haben wir für sie getan. Ich wusste ja gar nicht, welches Wissen in dem Peter steckte, anfangs habe ich das nicht schätzen können und auch gar nicht mitbekommen. Aber wenn ich später mit Peter vor dem Fernseher gesessen habe und fragte: Von wo weißt du denn das, du kennst das doch gar nicht? Da sagte er immer: Na, Mutti, du hast es mich nicht gelehrt. Das weiß ich alles von Fräulein von Heydekampf, mit der habe ich gelesen und geschrieben, und die hat Geschichten erzählt. Und auch Fräulein von Bäckmann, da habe ich gespielt. Rommee und Halma und Patiencen gelegt und was der alles dort gemacht hat!

Also, wenn ich heute am Grab von den beiden Damen stehe, ich falte die Hände, und die Tränen rollen mir, so dankbar bin ich, dass mein Sohn durch diese beiden etwas geworden ist. Ich hätte ihm das nicht geben können!

1946–1969

Aufbau des Sozialismus auf dem Lande

Als bei den Russen etwas Ruhe eingekehrt war, kam die Wahl der Bürgermeister. Wir hatten ja Parteien im Dorf, CDU, SED, Kommunisten hin und Kommunisten her. Marzikowski, der war in unserem Ort als Flüchtling, und Töpper und Luchterhand – die waren da nun am Werke und breiteten sich aus. Die sagten von sich, wir sind die Kommunisten. Da sagte der Otto Wülle: Ihr seid Kommunisten, und ich bin auch ein Kommunist, aber ich will nicht klauen.

Tatsächlich hatten wir Kommunisten erster Klasse und zweiter Klasse, waren doch nicht alle gleich. Abends gab es große Versammlungen, wo wir hingingen. Jede Woche hatten wir zwei Versammlungen! Die Partei hat die Aufgabe und die Aufgabe – sie haben sich unwahrscheinlich gezankt und was an den Kopf geworfen!

Die CDU war eigentlich keine kräftige Partei, das war auch der Großbauernstand. Dem habe ich nie angehört, da gehörte ich nicht hinein. Ich habe immer gesucht. Oftmals habe ich gesagt: Ich weiß nicht, zu welcher Partei ich gehöre. Zu den Großen gehör ich nicht, zu den Kommunisten gehör ich auch nicht. Und zu den Kleinen, also da wusste ich auch nicht so recht. Ich hing in der Luft und gehörte gar nichts an. Später habe ich mich dann der Bauernpartei angeschlossen, Demokratische Bauernpartei Deutschlands, DBD.

Luchterhand als Bürgermeister hat uns immer schikaniert, was wir alles falsch gemacht haben, und wir müssten noch dies und das machen. Um das Soll ging es immer. Wir wurden abgeholt, abgeführt, auch Herr Hamelow und Herr Muhs. Wir mussten uns in Wittstock melden. Da saßen wir in einem Keller. Aber die wussten gar nichts mit uns anzufangen, es passierte nichts. Abends kam einer und hat uns rausgeschmissen. Was wir hier wollten? Raus, raus! Dreimal bin ich so verhaftet worden. Die Angst jedes Mal! Dann hat mich der Marzikowski gerettet.

Mensch, Franz, habe ich zu dem gesagt: Haben wir jetzt unser Soll nicht erfüllt, oder haben wir dieses oder jenes nicht gemacht? Sagt mir doch *einmal* die Wahrheit, dass ich von dieser Unsicherheit befreit bin!

Sei mal ruhig, bleib mal ruhig, sagte der, und von da an bin ich nie wieder weggekommen. Hat der sich für mich ein bisschen eingesetzt.

Dann sollte die Kindergärtnerin Ruth Liebig bei mir einquartiert werden. Da war Töpper schon Bürgermeister. Das Zimmer, in dem sie wohnen wollte, musste renoviert werden. Macht das die Bürgermeisterei? Ja, das machen wir, bestellen einen Maler hin, und was da noch fehlt an Sachen, das liefern wir auch. Der Maler ist ewig nicht gekommen, und Sachen kamen auch keine. Aber die Ruth kam an und sollte einziehen, und nichts war fertig. Sind wir beide zum Bürgermeister, um uns zu beschweren. Dort habe ich gesagt: Sie wissen ja auch, wir haben alle etwas verloren. Ob Sie was verloren haben, das weiß ich nicht, ich habe jedenfalls eine ganze Menge verloren. Aber ich nehme das junge Mädchen gerne auf, ich hab so im Gefühl, das ist ein lieber Mensch, und wir werden uns gut verstehen. Und ich werde das Zimmer jetzt selber einrichten, aber Sie als Bürgermeister sind schuld, dass das Zimmer noch nicht gemacht ist!

Die ganze Zeit saß ein Russe dabei, dann hat der Dolmetscher dem übersetzt. Da hat der Russe zu mir gesagt: Du freche Frau, aber geh nach Hause, raboti! Hat er mir auf die Schulter gekloppt: Du freche Frau, geh nach Hause, mach raboti! Nimm Fräulein mit!

Sind wir nach Hause gegangen. Und die Ruth hat geheult zu Hause und gesagt: Ich hab doch nicht gewusst, dass Sie so 'ne Schwierigkeiten haben dadurch und dass der Bürgermeister so hässlich ist und so!

Das Zimmer haben wir nachher selbst renoviert. Die Ruth war ein ganz liebes Mädchen und hat sich als Kindergärtnerin sehr eingesetzt.

Wir wussten, dass der Bürgermeister die kleinen Stühle und was sonst noch so an Einrichtung im alten Kindergarten gewesen war, gestohlen hatte für seine eigenen Kinder, das war eine kinderreiche Familie.

Daraus konnte ich ihm einen Strick drehen. Als die Ruth nun den Kindergarten einrichten und eröffnen wollte, suchte sie und jammerte, das fehlt und das fehlt. Da habe ich ihr gesagt, lassen Sie mal Haussuchung machen in den einzelnen Häusern, und fangen Sie gleich beim Bürgermeister an, da werden Sie was finden! Also sagt die Ruth zum Bürgermeister, wenn die Sachen da waren, müssen sie ja noch irgendwo sein. Da können wir doch die Häuser durchgehen. Ja, natürlich, natürlich! Und sie sagt: Am besten ist, wir fangen gleich bei Ihnen an! Na, da wusste er Bescheid, woher der Wind wehte, und hat die ganzen Sachen rausgegeben.

Hat er was gehabt von der frechen Frau! Frech war ich, ja. Durchgesetzt hab ich mich immer!

Dann wurde unser Nachbar Hamelow Bürgermeister, der war ein Hiesiger. Da lief alles schon in einem etwas ruhigeren Gleis.

Ich weiß noch, wie ich ihn gefragt habe: Nun sage mal, ihr habt da die große Siedlung errichtet, und landmäßig ist das die große Gemeindewirtschaft, Genossenschaft. Aber was wollen denn die mit den kleinen Gebäuden? Jeder Siedler kann doch höchstens zwei, drei Kühe halten und ein, zwei Schweine. Warum haben denn die nicht größer gebaut? Finde ich ja lächerlich, enteignen die Großen und machen da so 'n kleinen Trödel draus! Ach, sagt er, das verstehst du nicht. Heute kann ich das alles noch nicht sagen, aber später werdet ihr's alle erfahren. Es kommt alles nochmal ganz anders!

Die Genossenschaft wurde ganz groß gefördert, aber die kleinen Siedler wollten nicht eintreten. Sie hatten sich inzwischen Scheunen gebaut, die Ställe vergrößert und blieben eisern, sie treten nicht ein. Und ich hab gedacht: Das geht mich gar nichts an, ich bin ja Privatbauer. Peter war auf der landwirtschaftlichen Fachschule, der war gar nicht zu Hause. Er war ja seit seinem einundzwanzigsten Lebensjahr der Eigentümer von unserem Hof.

Schon lange vorher wurde immer geplant und gemacht, aber 1960 ging es dann los: Die Siedler müssen in die Genossenschaft eintreten, in die LPG, die Landwirtschaftliche Produktionsgenossenschaft. Sie wollen nichts davon wissen, und es hieß ja auch, der Eintritt sei freiwillig. Aber es war doch Zwang.

Ein Aufstand war das. Hinten an unseren Wäldern lagerten sogar die Russen mit Panzern und Geschützen!

Ich hatte am Vormittag noch meinen Dung aufs Feld gefahren, aber die anderen Bauern haben sich an den Kopf gezeigt: Hier! Wir arbei-

Faschingsfest im Dorfkrug, 1950.
Lieschen oben Mitte

ten alle nicht mehr. Nur noch ihre Tiere haben sie versorgt. Haben sich vor der Tür zusammengesetzt mit untergeschlagenen Armen und beraten. Ich bin nach Hause gefahren mit meinem Pferdewagen.

Da sitzt zu Hause schon die Anni, die junge Lehrerin.

Na, frage ich, Schule schon aus heute oder nur kurze Pause?

Nein, Frau Straßenburg, sagt sie, ich bin jetzt eingesetzt. Wir müssen werben für die LPG.

Ach, sag ich, wie wollen Sie denn die Leute überhaupt ansprechen?

Ja, ich weiß nicht, das mache ich ja noch mit Herrn Sowieso und einem aus dem Dorfe.

Da sind sie dann herumgegangen und haben den Leuten das vorgestellt. Den ganzen Tag sind sie gelaufen, von einem zum anderen, und haben nichts geschafft. Die wollen ja alle nicht in die LPG, nein, nein, nein. Abends große Versammlung. Ich bin aber nicht hingegangen.

Nächsten Tag komme ich mittags vom Feld nach Hause, sitzt mein Sohn da mit der Anni, der Lehrerin, auf dem Sofa.

Was willst du denn hier? Habt ihr auch keine Schule mehr?

Mutter und Sohn
auf dem Milchwagen, 1952

Ach, Mutti, sagt er, ich bin nicht von der Schule geflogen, aber ich soll nach Hause fahren und alles klären. Ich darf nicht eher wieder zur Schule kommen, eh ich nicht in die LPG eingetreten bin, sei es Typ 1 oder sei es Typ 3. Wenn du nicht eintrittst, hast du hiermit einen guten Arbeiter, dann bleibe ich zu Hause, und vorbei ist es mit der Schule. Aber überlege dir das; du weißt, ich bin kurz vor der Prüfung, und was haben wir gekämpft, damit ich überhaupt zur Schule gehen konnte! Na, Mutti, wat willste? Soll ich wieder zur Schule gehen, oder soll ich jetzt hier LPG-Bauer werden?

Ach, sag ich, weißte Peter, dann gehen wir eben gleich in Typ 3.

Anni ging freudestrahlend los und hat das dann erzählt: Sie hätte da doch die erste Aufnahme gemacht, sie könnte einen Bauern vermitteln, den sie überzeugt hätte. Und Peter konnte am anderen Tag wieder zur Schule fahren.

Typ 3 bedeutete, mit allem Vieh und allen Geräten in die Genossenschaft einzutreten. Bei Typ 1 wurden nur die Felder genossenschaftlich bewirtschaftet, die Viehhaltung blieb individuell. Sie kamen dann gleich an, haben den

Viehbestand aufgenommen und gesagt, was ich alles einbringen müsste: ein Pferd, einen Wagen, all die Maschinen, vier Kühe, drei Stärken, eine Sau und zwei Ferkel. Meine Kühe und Stärken wurden doppelt so hoch bewertet wie normal, weil ich einen Tbc-freien Bestand hatte. Somit hatte ich Vieh und Geräte im Wert von 9000 Mark in die Genossenschaft eingebracht.

Und dann hieß es, ob ich mitarbeiten würde? Einstweilen nicht, habe ich da gesagt. Ich behielt noch einige Kühe und Schweine und habe mit dem LPG-Vorsitzenden das besprochen. Ich will meine Tiere nicht verschleudern, sondern großziehen und dann verkaufen, um rauszuholen, was rauszuholen ist. Dazu möchte ich auch noch zwei Wiesen behalten für ein Jahr. Das wurde mir sofort gestattet.

Eines Morgens kamen sie dann an und haben die Tiere von den Besitzern, die nun in Typ 3 gegangen waren, abgeholt. Wie sie da auf den Hof kamen, Vorsitzender und was alles noch dabei war, Zettel in der Hand, alles wurde aufgeschrieben, da habe ich gesagt, Herr Müller, so nicht! Das ertrag ich nicht, wenn ihr heute hier ankommt, die Stricke in der Hand, und wollt meine Kühe aus dem Stall holen! Die lassen sich von Ihnen auch gar nicht treiben. Also, gehen Sie mal wieder weiter. Morgen können Sie die Sau holen mit den Ferkeln. Dann bin ich nicht da; aber ich zeige Ihnen den Stall, dann sollen Sie die Tiere holen, aber ich will nicht mit dabei sein.

Und heute Vormittag treibe ich meine Kühe und Stärken, die ich abliefern muss, die dann der LPG gehören, die treibe ich persönlich auf die Wiese, und auch das Pferd. Heute Abend könnt ihr das von der Wiese abholen. Aber nicht von meinem Hof. Das ertrag ich nicht! Dazu habe ich mein Vieh zu lieb gehabt!

Na ja, Frau Straßenburg, is' recht, is' recht. Bringen Sie mal alle nach der Wiese hin, und wir holen's uns dann von dort ab.

So wurde es auch gemacht.

Nach einem Jahr, als ich meine restlichen Tiere so weit verkauft hatte, fing ich dann mit der LPG-Arbeit an: Ich bekam eine Entenaufzucht, 2000 Enten. Dazu wurde unsere Scheune ausgebaut, mit Brettern wurden Buchten gebaut rechts und links, das machten die Handwerker von der LPG. Dann kamen die Enten, erst einmal 500 Stück. Ich bekam ausreichend Futter und kleine hübsche Tröge mit Infrarotstrahlern. Der erste Wurf, der gedieh ganz wunderbar! In acht Wochen waren die schlachtreif, und dann kamen schon wieder die nächsten. Und so folgte Gruppe auf Gruppe, immer 500. Ach, es war eine Lust, die so aufzuziehen. Ich hatte immer reichlich Futter, hat mir eigentlich Spaß gemacht.

Aber dann klappte es mit dem Futter nicht mehr so, das bekam jetzt die Hühnerfarm, die leitete ein großer Parteimann. Da habe ich die Enten abgegeben und bin in die Feldbaubrigade eingetreten. Anfangs habe ich dort mein eigenes Pferd kutschiert. Aber die Einsamkeit mit dem ollen Pferd, das hat mir dann bald nicht mehr so gefallen. Als eine Frau zum Binden gesucht wurde, habe ich mich gemeldet. Und so war ich dann lange Jahre mit den anderen Frauen gemeinsam in der Feldbaubrigade. Aber die Bezahlung – das kann man gar nicht erzählen, wie niedrig die war – 120 Mark. Deshalb ist die Rente so niedrig! Das Höchste war 320 Mark in der Kartoffelernte. Ich bin flink, ich bin keine langweilige Tante und hatte meine Mollen immer schnell vollgesammelt. Die Besten wurden prämiert, da wurden ein paar Mark ausgeschüttet. Ich war immer mit dabei.

Nur, dass einige Frauen sich immer was mitnehmen mussten, das hat mir überhaupt nicht gefallen! Wenn wir zum Beispiel auf dem Sortierplatz Zwiebeln sortiert haben – die schönsten immer rin in die eigene Tasche. Das ist etwas, was mir überhaupt nicht gefällt. Das ist doch alles unsers, ihr beklaut euch ja selbst! Und ob Klauen gerecht ist? Verpetzen tu ich euch nicht, aber ich kann auch nicht schweigen, das hab ich ihnen klargemacht.

Und noch etwas: Die Männer auf den großen Mähdreschern, die rasen durch die Gegend. Jetzt sitzen mehr Frauen auf den Mähdreschern, weil die ruhiger sind. Ich kenne Frauen, die das schon viele Jahre machen. Die Frauen schlagen sich unwahrscheinlich gut. Bei den Männern heißt es immer nur Hektar, Hektar – wie viel hast du geschafft? Auch beim Pflügen: Wenn der Vorsitzende weg ist und nicht mehr hinsehen kann, stellen die die Pflüge hoch und rasen durch die Felder. Das ist, was mir überhaupt nicht gefällt. Wo bleiben da die Ruhe und die Sachlichkeit?

Als ich sechzig Jahre alt wurde, habe ich mit der Arbeit in der Feldbaubrigade aufgehört und stattdessen die Büros der Pflanzenproduktion geheizt und geputzt. Kohlen rauftragen, Asche runtertragen, zwölf Stuben und den Tagesraum gebohnert! Nach drei Jahren wurde die neue Bürobaracke gebaut, da war Heizung drin, und ich brauchte nicht mehr heizen.

Mensch, Lieschen, bleib bloß bei uns!, hat der Vorsitzende der Pflanzenproduktion gesagt. Da hab ich mich zum Weitermachen überreden lassen.

Gut, ich mach die Baracke sauber, putz die Fenster und mach wenigstens den Grund. Gardinen wasch ich aber nicht!

Sechzehn Zimmer waren das, die Bürgermeisterei auch noch mit dabei.

Mit fünfundsiebzig Jahren, nach meiner schweren Operation, bin ich dann wirklich in Rente gegangen. Einen großen Präsentkorb gab's und Blumen, und ich hab die Arbeit niedergelegt.

Aber noch heute, wenn ich mal ins Büro gehe und einen Raum vergessen habe bei der Begrüßung, dann sind sie mir aber böse!

Lieschen mit Kaninchen, 1987

1969–1989

Rückblick auf ein Leben

Inzwischen bin ich achtundsiebzig Jahre alt geworden, bin jetzt wirklich Rentnerin und mache so ein bisschen in Ruhe.

Ich besitze noch einen Morgen Land, den habe ich aber im Moment abgegeben. Was ich dann noch an Land habe, das weiß ich gar nicht ganz genau, aber ich ernte ungefähr sechzig Zentner Rüben, dreißig Zentner Kartoffeln und dann noch das Gemüse aus meinem kleinen Gärtchen. Das Obst auf dem Gelände ernte ich auch selber.

Einen halben Morgen Ackerland habe ich abgegeben an den, der mir mein Land pflügt, eggt und düngt. Er fährt den Dung heran und macht mir alles fertig. Dafür will ich kein Geld, und er macht das so nebenbei.

Nun habe ich noch sechzig Hühner, na, mit Hähnchen sind's noch ein paar mehr, zwölf Enten und ungefähr vierzig Kaninchen.

Die Gebäude unseres Hofes, die sind mein Eigentum, und die muss ich auch selbst erhalten. Das ist sehr schwer. Eine große Scheune, Wagenremise, Kuhstall, Schweinestall und das Wohnhaus. Das Haus ist noch schön in Ordnung, wir haben ein gutes Dach drauf, aber auf dem Schweinestall wird das Dach schon ein bisschen licht. Das kommt daher, weil wir kein Stroh und keine Tiere drin haben. Wenn der Wind kommt, der fegt da durch, bald ist hier was abgerissen, bald dort was abgebrochen. Wenn ich nicht so hinterher wäre ... Ein Nagel hält nicht mehr, dann binde ich das zusammen. Dass bloß die Gebäude noch erhalten bleiben! Denn das wird sehr teuer, die Handwerker, die Maurer, die nehmen die Stunde zwölf bis fünfzehn Mark, wenn sie bei uns mauern.

Fünfzehn Mark von meiner Rente ausgeben? Mein Sparbuch, das brauch ich ja nicht an, das soll doch für mich noch ein bisschen bleiben. Ich möchte mir doch auch mal etwas mehr leisten können.

Meine Rente – das ist das tägliche Leben, das

erhält mich voll und ganz. Aber man möchte ja mal eine kleine Reise machen, man möchte den Kindern mal was schenken. Dafür habe ich noch mein kleines Sparbuch, was für mich ist. Und ich will ja dann auch mal gut in die Erde kommen, hahaha, und nicht in einen Sack gesteckt und fortgeschleppt werden! Ja, dafür war das dann wohl gedacht.

Ich glaube auch, wenn ich das einmal ganz ehrlich sagen soll: Es gibt keine armen Leute bei uns hier in der DDR, richtig arme Leute gibt's nicht mehr. Wer nicht trinkt! Ich habe noch Bettler kennengelernt.

Mein Garten hält mich in Schwung. Ich bin auch im Kleingärtnerverband, wir sind etwa fünfzig Mitglieder. Ab und an mal machen wir auch einen Rundgang in den Gärten, die besten werden dann prämiert! Hühnerfutter bekommen wir über den Kleingärtnerverband, sehr wichtig!

Die Geselligkeit, das ist für mich sehr schön. Jeder holt das Beste aus seinem Garten hervor, dann machen wir eine Ausstellung in Wittstock, also, da wird vieles getan. Wir haben uns auch einem Wettbewerb gestellt, welche Kleingärtnergruppe das meiste abliefert in unserer Annahmestelle von Obst und Gemüse im Dorf.

Bei uns gibt es doch Blaubeeren im Wald, im Stiftswald. Da können die Leute hingehen, Blaubeeren pflücken und in unserer Verkaufsstelle abgeben. Da ist eine Staatsstütze drauf: Für ein Pfund Blaubeeren bekommt man da 4,70 Mark. Und dann gehst du hin oder schickst jemanden hin und kaufst für 2 Mark wieder zurück. Muss ja auch so sein, denn die, die wenig Rente haben, die könnten sich sonst gar nichts kaufen! Deshalb die Staatsstütze. Manch einer kann es gar nicht glauben: Was, du hast eben 4,70 Mark für deine Blaubeeren gekriegt? Und ich koof se hier für zwee Mark?

Meine Kaninchen verkaufe ich auch nur in der staatlichen Sammelstelle. Da bekomme ich immer mein gutes Geld.

Zum Winter sind die Enten und Kaninchen dann weg und auch die meisten Hühner.

Aber vor dem Winter ist mir ein bisschen bange. Ich weiß nicht, was ich machen soll. Morgens heize ich den Ofen und lass die Hühner raus. Mittagbrot bringt mir die Volksfürsorge, da brauch ich mich nicht drum zu kümmern. Spazieren gehen? Ich bin doch mein Lebtag nicht spazieren gegangen, ich musste immer zur Wiese, zum Feld, in den Garten laufen und etwas erledigen. Aber doch nicht spazieren gehen! Was sollen denn die Leute denken?

Peter hat zu mir gesagt: Na, Mutti, du läufst einfach aus unserem Haus raus und zum Friedhof hoch. Da denkt jeder, du hast auf dem Friedhof was zu tun. Und dann läufst du über die Dorfstraße zurück nach Hause, da denken alle, du gehst noch beim Konsum vorbei!

Na, das will ich nun mal ausprobieren, ob ich spazieren gehen kann. Ist gar nicht so einfach für mich!

Jetzt bin ich ja alt und kann auf mein Leben zurückblicken. Wir hatten ja bloß einen kleinen Bauernhof, aber ich muss sagen, da lag doch immer ein bisschen der Segen Gottes drauf. Ich denke heute noch immer, dass ich in Gottes Hand bin, und er soll mich auch begleiten und führen bis an mein Ende. Obwohl ich doch auch ein sündiger Mensch bin und war.

Vielleicht wäre es doch besser gewesen – aber nein, ich möcht's nicht. Ich hab mich nicht wieder verheiratet. Vielleicht wäre ich besser gefahren, wenn ich einen Mann gehabt hätte, aber hat nicht sollen sein.

Früher, als junge Frau, bin ich auch manchmal weggegangen, tanzen gegangen. Da haben sich alle gefreut, ach, jetzt kommt ja Lieschen! Da sind sie alle gekommen, da biste ja auch wieder!

Na ja, ich kann doch nicht zu Hause sitzen! Ihr seid alle fröhlich, und ich soll zu Hause sitzen? Das geht doch nicht! Hab ich gleich mal für alle einen ausgegeben. War ja nicht so teuer, haben wir alle einen getrunken. Dann hat der mit mir getanzt und der mit mir getanzt, und dann haben wir auch ein bisschen in der Runde getanzt. Manchmal habe ich auch ein Schnäpschen zu viel getrunken. Aber dann habe ich die Kurve gekratzt, bin schnell wieder nach Hause gelaufen. Immer alleine! Dass ich groß Freunde gehabt hätte, nie.

Bloß einmal habe ich einen Freund gehabt, das war ein verheirateter Mann. Er war Polizist. Das war ein Freund, gegen die Gefühle konnte man sich nicht wehren. Den haben sie dann abgeholt, und er ist auch nicht wiedergekommen.

Was Liebe heißt, das weiß ich. Aber nur

Lieschen radelt

durch diesen Mann! Das war nochmal Liebe für mich.

Er hat Dienstreisen gemacht und mich mitgenommen. Er ist mit mir weggefahren, und niemand hat's gewusst. Er hat eine äußerst feine Frau gehabt, eine ganz feine Frau und eine hübsche Tochter, eine sehr schöne Tochter. Die kamen zu uns, sie kam genauso wie er. Die waren wie zu Hause bei uns. Dass ich mit ihrem Mann ein Verhältnis hatte, das hat anfangs im Dorf niemand gewusst. Später, ganz zum Schluss erst, hat sie's bemerkt. Ich weiß, dass ich unrecht getan habe, das war nicht schön.

Aber eins muss ich sagen: Mit dem Mann wäre ich durchs Feuer gegangen, auf jeden Fall. Wir waren zusammen, da war die Arbeit vergessen. Durch Liebe kannst du vieles vergessen. Und dadurch hatte ich eine unwahrscheinliche Kraft, weil ich Freude hatte. Ich wurde umgarnt. Und wenn ich wirklich einmal gesagt habe: Mensch, heute war es aber schwer, dann hat er mich in seine Arme genommen, mich gedrückt und gesagt: Na, für wen hast du denn so gearbeitet? Das waren große Wörter.

Er wusste, dass er von den Russen verfolgt wurde. Ich habe immer gesagt, er soll doch zu seiner Schwester fahren. Er hatte eine Schwester im Westen. Dann hätte er seine Frau nicht nachgeholt. Da wäre ich später nachgekommen, und dann hätte es Peter gut gehabt. Der hatte sehr viel übrig für Peter. Er hätte auch seinen Beruf aufgegeben und wäre zu uns gekommen, aber das ging nicht, wegen seiner Frau. Er konnte sich dann auch nicht so schnell trennen, und seine Frau hat gesagt: Du kannst uns doch nicht verlassen, lass uns nicht alleine! Dann hat er seiner Frau wieder ein bisschen gehorcht, und dann war es zu spät.

Ich weiß noch, wie wir uns das letzte Mal gesehen haben. Seine Worte werde ich niemals vergessen.

Ich hatte mit Gänsen vor meinem Hoftor zu tun. Da sagte er: Ich habe gestanden und habe gewartet und gewartet. Du kamst und hattest das schöne Kleid an, in dem ich dich immer so gerne gesehen habe. Ich freue mich, dass ich dich einmal noch so sehen konnte!

Dann mussten wir uns verabschieden. Er wusste, dass sie ihn denselben Tag noch fangen.

Warum ist er geblieben, warum ist er geblieben? Nie wieder haben wir uns gesehen. Er wurde sehr gequält nach seiner Verhaftung. Durch eine Bekannte habe ich noch etwas bekommen, was er so auf Zeitungsränder geschrieben hatte.

Seine Frau wollte mit der ganzen Verhaftung nichts zu tun haben und hat ihn nachher als Kriegsverbrecher denunziert. Heute noch finde ich das ungezogen! Ich bin extra nach Pritzwalk gefahren und habe mir das selbst angesehen, im Amtsgericht war das ausgehängt. Ich wollte das nicht glauben!

Ich trauere ihm heute noch nach. Die Stunden kann ich nicht vergessen. Es war eine schöne Zeit für mich, ja.

Ob's mir der Herr übelnimmt, das weiß ich nicht. Das ist das, was ich unrecht getan habe, aber trotzdem kann ich an dieser Zeit nicht vorbei. Ich hab meinen Mann auch gern gehabt, aber es gibt noch größere Liebe. Das andere war so Jugendliebe, man muss heiraten, man sucht einen festen Mann. Aber den richtigen Mann hatte ich erst später.

Wenn ich so darüber nachdenke, dann habe ich doch ein armes Leben gehabt, wenig Liebe. Das ganze Leben ist ja länger ohne Mann, und jetzt will ich keinen mehr, das ist vorbei, in meinem Alter. Bloß die Einsamkeit! Wenn du des Abends dasitzt, und keiner fordert dich auf, ein Gespräch zu führen.

Nur gut, dass ich Frau Münzer habe. Wir sind uns auch sehr ähnlich. Noch nie mit dieser Frau Langeweile gehabt. Wenn sie kommt, auch wenn ich den ganzen Tag gearbeitet habe, ich bin sofort voll da, wir wissen gleich ein Gespräch anzufangen, das wird uns nie über. Wir gehen auseinander und freuen uns schon auf den nächsten Tag. Und ich glaube, Frau Münzer geht das genauso.

Was sie macht: Sie mustert mich manchmal, kritisiert meine Kleidung. Sie ist ein bisschen supermodern und ich nicht. Ich sage dann: Sie verstehen mich nicht, ich bin alt, ich habe auf so was keine Lust mehr! Sie möchte immer, dass ich mich schön mache.

Aber das ist wichtig, mit lieben Menschen zusammen sein, ein paar liebe Worte hören und sich was erzählen!

Hier enden die auf Tonband aufgezeichneten Gespräche.

1988–1994

Letzte Lebensjahre

Lieschen lebte allein auf ihrem Hof in Heiligengrabe und versorgte Kaninchen, Hühner und die Katzen.

Als ich sie einmal im Frühjahr 1988 besuchte, erwartete sie mich auf dem Hof im Liegestuhl liegend – ein ungewohntes Bild! Die Frühlingssonne wärmte sie, und in einem Pappkarton neben dem Liegestuhl piepsten munter sechs gelbe Entenküken. Verschmitzt lächelte sie mir entgegen in der Vorfreude auf meine Überraschung.

Die Einundachtzigjährige im Liegestuhl mit der munteren Entengesellschaft neben sich – dieses Bild sehe ich oft vor mir, wenn ich an Lieschen in den letzten Lebensjahren denke. Nicht nur Spazierengehen hatte sie im hohen Alter gelernt, sondern sie konnte sich auch mit-

Lieschen im Hof

ten am Vormittag in den Liegestuhl legen und die Sonne genießen.

Über den Tod haben wir nie gesprochen, aber er war gegenwärtig und drückte sich manchmal in ihrem stillen, wie abwesenden Gesicht aus.

Den Tod ihres Vaters im Jahre 1938 hatte sie sehr genau vor Augen, vielleicht als Wunschbild von einem friedvollen Sterben. So hat sie ihn mir erzählt:

«Von Zeit zu Zeit kam mein alter Vater mich besuchen. Ick mut nach Heiligengrabe, det tut mal wieder nötig, hat er da bei sich in Woltersdorf verkündet. Ich musste ihm dann die Füße baden, die Zehennägel schneiden, die Ohren sauber machen.

Dabei habe ich ihm etwas versprochen, aber das tue ich nie wieder!

Du hast so eine sanfte Hand, hat er zu mir gesagt, wenn ich tot bin, versprich mir, dass du mich waschen tust!

Wie mein Vater dann gestorben ist, so was gibt's nur einmal. Alle seine Kinder standen an seinem Bett!

Er hatte Aderverkalkung und war sehr schwach. Der Arzt hatte meinem Bruder erklärt, dass seine Tage gezählt sind. Deshalb haben sich alle Geschwister zu einem Besuch verabredet.

Morgens hatte mein Vater zu meiner Mutter gesagt: Mama, heute kommen die Kinder. Ich bin nicht krank, aber se sollen weten, ick stöh nich up.

Papa, du bist ja heute im Bett, haben wir zu ihm gesagt: aber wir wollten ihn nicht spüren lassen, dass wir wissen, wie schwach er ist.

Alle hatten sich um meinen Vater versammelt. Ich kam mit der Bahn als Letzte und hatte den Peter mit. Dann sagte Papa zu mir: Nu gehen sie alle Kaffee trinken, aber du kannst ja oben bleiben. Bringt mal Lieschen den Kaffee mit herauf!

Ich habe mit meinem Vater noch ein bisschen geplaudert und erzählt. Da hat er gesagt: Det bisschen Jeld, wat ick noch hab, det kriegst du! So hat er mir heimlich noch Geld gegeben, mein Vater. Das sollte keiner wissen.

Nun kamen alle wieder herauf vom Kaffeetrinken und brachten mir Kaffee mit. Wir haben noch ein bisschen geredet, und dann wollte ich als Erste wieder fahren, ich konnte nicht bleiben. Das wusste mein Vater.

Als ich ihm die Hand reichen wollte, hat er sich aufgerichtet, und dann fällt er zurück und ist tot! Zwei tiefe Atemstöße kamen noch aus seiner Brust, und meine Mutter fing an zu schreien. Die beiden Brüder schnappten sich die Mutter und brachten sie nach unten. Die älteste Schwester, die Agnes, die nahm meinem Vater sofort das Kissen weg und hat ihn lang gemacht.

Dann haben wir gebetet an seinem Bett, und er lag ruhig und still. Nach einer Weile, wie er dann wirklich eingeschlafen war, haben wir Mutter raufgeholt.

Wein doch nicht, wein doch nicht, sagte ich zu ihr. Lass doch Papa, der hat doch jetzt seine Ruhe!

Da fing sie an: Du musst ja Papa waschen, das hast du ihm versprochen. Ach, sag ich, Mama, das war doch nur so ein Sagen. Nein, nein, antwortet sie, du musst das machen.

Mein Vater war so sauber, den hätten wir gar nicht waschen brauchen.

Meine Schwester aus Hamburg und ich, wir haben uns dann beide darangemacht. Die anderen, die haben schon wieder diskutiert über Geld und über dies und jenes, damit hatten meine Schwester und ich nichts zu tun. Meine Mutter blieb bei uns, die hat die Sachen rausgeholt, er musste ja ausgezogen werden, ein anderes Hemd anhaben, Hosen anhaben. Der wurde wie ein Staatsmann beerdigt, in Hosen. Das Jackett haben wir hinten aufgeschnitten und vorne so zugemacht.

Ich mach so wat nie, nie wieder!

Weine doch nicht, sagten die anderen zu mir. Aber ich musste so innig weinen um meinen lieben Vater. Was ich für meinen Vater übrig hatte, das kann sich keiner vorstellen!

Das war 1938. Den Krieg hat mein Vater nicht mehr miterlebt.

Meine Mutter ist dann 1947 gestorben, das war noch die Russenzeit.»

Lieschen war in den späten Jahren im Alltag viel allein und empfand die Einsamkeit immer schmerzlicher. Umso mehr freute sie sich über Besucher, die sie wie bisher immer in ihrem Leben großzügig mit Essen und Trinken bewirtete.

Die Aufregungen und Veränderungen der Wendezeit waren für sie zunehmend schwerer zu

Lieschen am Herd

begreifen, und ich höre noch ihren entsetzten Bericht vom Einkaufen im Dorf-Konsum. Brot und Butter hatte sie nun mit D-Mark zu bezahlen. «Das schöne Westgeld», rief sie ganz verzweifelt aus und verstand die Welt nicht mehr.

Wie viele Jahre hatte sie dieses Geld gespart und gehortet und fünfmal überlegt, für welchen ganz besonderen Zweck sie es ausgeben würde!

Ich hatte Lieschen überreden können, mir ab und zu einen Brief zu schreiben. Das kostete sie anfangs große Überwindung, denn sie beherrschte weder Zeichensetzung noch Rechtschreibung ganz sicher und schämte sich deswegen. Dumm sei sie und habe viel zu wenig gelernt in der Schule. Aber ihr Wunsch, sich mitzuteilen, und die Freude über eine Antwort halfen ihr wohl, sich zu überwinden.

Ihr Leben wurde nun einsamer, ihre Kräfte ließen nach.

«Ich denke oft an Dich besonders wenn ich Herzeleid habe aber das fergeht wenn das Wetter nur besser sein möchte», schreibt sie am 15. Juni 1987. Aber auch als der Sommer endlich Einzug hält, bleibt ihre Einsamkeit ein häufig beklagtes The-

ma. *«Ich denke oft an Dich, denn ich bin viel alleine gut das ich den Garten und die Tiere habe damit beschäftige ich mich.»* (19. Juli 1987)

Reges Interesse und große Anteilnahme an meiner Arbeit – für den Rundfunk erarbeitete ich eine einstündige Dokumentarsendung über das Stift Heiligengrabe – spiegelt sich im Brief vom 8. Dezember 1987:

«Oft habe ich an Dich gedacht und an Deine Arbeit, bleibe nur ruhig und überlege wie Du alles machst, es wird alles wohl werden. Heute haben wir den ersten Schnee und es ist kälter geworden, hoffentlich bleibt es so ich liebe keinen Schnee.»

Im Dorf wurde sie oft nach der Radiosendung gefragt. Als der Sendetermin feststand, war sie eifrig damit beschäftigt, den Bürgermeister, Bekannte und Verwandte zu informieren.

«Oft habe ich an Dich gedacht und auf die Sendung gewartet. An Ostern haben wir Deine Sendung gehört bei Frau Münzer. Die hatte Gisela und mich zum Kaffee eingeladen. Jutta hat das Radio eingeschaltet und wir hörten ‹Heiligengrabe›, das war Deine Sendung, sehr gut und alles gut gehört, Frl. von Abendroth [die letzte damals noch lebende

Stiftsdame] *ihre Stimme, wir haben uns gefreut! Und zum Schluss ‹von Dagmar Wahnschaffe›, das war wunderbar. Peter hat geschrieben, das sie die Sendung auch gehört haben und vieles noch mitgeschrieben.»* (14. März 1988)

«Oft denke ich an Dich und alle die fergangene Zeiten die nich wider kommen. Du wirst auch mit Dich zu tun haben wie Du mit allem fertig wirst. Ich kann oft nicht fröhlich sein aber nun kommt Peter und Anni auf ein paar Tage nach Heiligengrabe da freue ich mich schon auf den Besuch.

Ich hatte Mahler im Gästezimmer alles gut geworden und schön, gesundheitlich geht es mir gut und kann mir alles noch selber machen das ist auch ein geschänk.» (30. Juni 1988)

Die Tage um Silvester und Neujahr 1989 verbringt Lieschen bei ihren Kindern in Potsdam.

«Es waren für mich ein paar schöne Tage, ich wollte den kleinen Thomas [ihren Urenkel] *sehen und kennen lernen, ein kreftiger Junge sehr ruhig und schläft viel, alle haben viel Freude an dem Kleinen*

[...]

Ich möchte noch Dank sagen für meinen Besuch bei Dir und für die Geschenke, habe viel Freude dar-

an und trage die Pulover gerne. Mir geht es gut und bin zufrieden. Frau Münzer kommt oft zu mir und wir sind in Liebe bei einander, ich freue mich. Ich wünsche Dir alles liebe und gute im neuen Jahr und bleibe tapfer und gesund!» (15. Januar 1989)

Wenn wir zu Beginn dieses Jahres 89 geahnt hätten, für wie kurze Zeit nur noch die lästigen Grenzformalitäten zu erledigen waren! Ein Freund wollte mitfahren nach Heiligengrabe, aber sein westdeutscher Pass machte die Reise etwas komplizierter als gewohnt.

Am 24. April 1989 schrieb Lieschen:

«Das Telegramm habe ich erhalten und bin zur Bürgermeisterei gegangen und habe alles fertig machen lassen. Es ist schon in Wittstock ich hoffe doch das alles klappt und die Zeit reicht aus. Habe mich sehr gefreut das Du liebe D. kommen möchtest und auch W. es ist eine schöne Zeit alles grünt und blüht, im Garten gehen schon einige Pflanzen auf.

Arbeite nicht zu viel denn es hat alles seine gränzen und Esse immer gut. Denke an Dich. Ich bin oft bei Dir liebe D.»

Am 6. August 1989: «*Herzliche Grüsse aus Heiligengrabe, mus doch mal anfragen wie es Dir geht und ich möchte mich noch bedanken für die Glückwünsche zu meinem Geburtstag. Habe im kleinen Kreis meiner Kinder und Bekannten gefeiert.*

Die Jutta fährt als Krankenschwester mit dem grossen Schiff von Rostock nach Kuba für ½ Jahr und freut sich …»

Allerdings ist deren Mutter, die treue Freundin von Lieschen, sehr in Sorge, und die große Abenteuerreise wird immer wieder hin und her besprochen. Und noch ein wichtiges Ereignis hielt Heiligengrabe in Atem:

«*Der Herr V. vom Stift ist nach dem Westen gefahren und nicht wider gekommen! Eine Erregung, du kennst ihn ja.*»

Am 8. Oktober 1989: «*Wenn Du kommst habe ich einen Wunsch, meine gute Creme ist am ende war ja sehr schön, ich möchte bitten bringe mir wider mit und Arnika Vaseline danke liebe D. das wars für heute.*»

Im Jubel und Trubel der ersten Nachwendetage im November 1989 hat Lieschen noch einmal eine Reise nach Berlin gewagt. Es sollte ihre letzte sein. Schon nach zwei Tagen wollte sie wieder nach Hause.

Der Winter und die dramatischen Ereignisse der Wendezeit zehrten an Lieschens Kräften und verunsicherten sie. Am 9. Februar 1990 schrieb sie:

«Meine Erkältung ist nun wieder besser, aber der Husten ist noch nicht weg es dauert noch seine Zeit und man muß geduldig sein.

Bei uns in der DDR ist ja auch viel Aufregung. Die Wahlen und noch eine Wehrung da kann man noch das ersparte Geld schnel ferlieren, man weiß nicht wie es kommt, alle sind erregt und keiner sagt was, nur geduldig sein. Ich bin viel alleine und weiß oft nicht was und wie …»

Und am 1. März 1990: *«Ich war wider 2 Tage nicht auf dem Posten, Gisela kommt nicht viel u Frau Münzer ist für 10 Tage nach Hannover gefahren oft auf Reisen zu Bekannte. Die heutige Zeit macht mich doch fertig keine Ruhe wie es wohl wird, kann mich nicht erholen.»*

Am 15. August 1990: *«Heute ist ein schöner sonniger Tag und ich denke an Dich. Du wirst viel*

Arbeit haben [...] Peter kommt zum Wochenende, es ist mit der LPG noch was zu klären wir bekommen Land Wiese Wald zurück aber wir werden es verpachten wer soll das machen Peter + Sven haben ihre Arbeit in Potsdam.

Am Sonntag hatte ich Besuch aus Hamburg unferhofft, haben uns in 40 Jahren nicht gesehen. Käthe hatte einmal Heimweh nach Heiligengrabe, es war alles sehr schön. Mir geht es gut bin wider auf dem Posten aber bin viel alleine.

Liebe D. das wars für heute mir ist als wenn ich bei Dir wäre, grüße alle Bekannte ...»

Am 4. November 1990: *«Peter und Anni waren zum Wochenende hier, es ist ja alles jetzt anders geworden und viel Verenderungen, Banken LPG war viel schriftliche Arbeit was ich nicht alleine konnte. Wir haben unseren Wald wiederbekommen auch Heinz seinen Bauernhof wie ist es nur gekommen eine Freude ...»*

Am 6. Dezember 1990: *«Herzliche Adventsgrüße und freude in der Vorweihnachtszeit, mir geht es so einigermahsen aber bin viel alleine und das ist nicht gut*

am liebsten würde ich in ein Heim gehen dort bin

Lieschen mit Urenkel, 1991

ich nicht alleine aber ich muß mich an allen gewöhnen im Alter muß man sich unterordnen hoffentlich bekomme ich kein Heimwe

Oft habe ich an Dich u W. gedacht ... Liebe D. nutze Dein Leben bei mir ist alles forbei

Aber denke doch an mich Ich habe keine Crehme mehr ist alle

Liebe D. ich hoffe das der Winter nicht so kalt wird und nicht viel Schnee, bleib gesund.»

Am Ende des Jahres 1991, Lieschen ist jetzt 85 Jahre alt, erreicht mich ein fröhlicher Brief: «*Es Weihnachtet schon. Ich fahre Weihnachten nach Potsdam die Adventszeit ist eine schöne Zeit. Frau Meier und Frau Münzer kommen oft wir Singen und Beten der Herr kommt bald.*

Am Sonnabend sind die Rentner von der Gemeinde eingeladen zur Weihnachtsfeier, dort singt der Gemeindekor der Kirchenkor die Kindergartenschwester vom Friedenshort.

Ich gehe hin werde abgeholt es wird schön sein.

Das Wetter ist immer noch schön kein Eis und Schnee.

Im neuen Jahr bin ich wieder zu Hause.

Ich wünsche euch Fröhliche Weinachten und ein gesundes u gesegnetes Neue Jahr.»

Immer wieder und bei allen meinen Besuchen in Heiligengrabe in dieser Zeit wurde das Thema Heimunterbringung besprochen, wurden Vor- und Nachteile gegeneinander abgewogen. Derweil ließen Sohn und Enkel neben das Schlafzimmer ein Badezimmer einbauen. Ab dem Winter 1992/93 wärmte eine Zentralheizung anstelle der alten Kachelöfen das Haus.

Im Herbst 1993, nach einer Magenoperation, erreichte mich Lieschens letzter Brief:

«Herzliche Grüße aus Heiligengrabe Bin zu Hause und mir geht es gut wie es im Winter werden wird weiß ich nicht der Tag ist oft sehr lang aber man muß sehen wie der zu ende kommt. Morgens habe ich eine Hilfe das ist gut der Tag fängt gut an und dann geht es weiter zu tuhn ist ja immer was. Oft denk ich an euch allen und Berlin, war oft meine Reise für paar Tage alles forbei, zum Wochenende kommt Peter und hat auch Arbeit – Sven und Anja warn mit Thomas hier das ist auch gut. Der Sommer war sehr schön jetzt wird es schon ungemütlich.

Im Krankenhaus war ich nur 12 Tage das hat gereicht, einen Anfall hatte ich noch nicht wider die Ärztin kommt alle 14 Tage Tabletten bekomme ich.

Und wie geht es Dir liebe D. und alle deine lieben, viel Arbeit? Ich mach auch so viel ich kann jeden Tag mein Haus und kochen und bin zufrieden mit dem waß ich habe Liebe D.

Ferges mich nicht grüße alle Bekannte Viele liebe Grüß Dich und W. Lieschen»

Am Neujahrstag 1994 besuchte ich Lieschen in einem Potsdamer Pflegeheim. Blass und durchsichtig sah ihr Gesicht aus, ich erschrak. Dennoch fuhr sie, sobald es ging, nach Heiligengrabe zurück. Ihr Sohn konnte sie dort pflegen. Er war Rentner geworden und hatte nun Zeit für seine Mutter.

Am Nachmittag des 29. März 1994 beugte er sich über ihr Bett, als sie sich gerade aus dem Nachmittagsschlaf aufrichtete, dann sank sie zurück.

Ihr Wunsch nach einem friedlichen Sterben in den Armen ihres Kindes hatte sich erfüllt.

Wir verabschiedeten uns von Lieschen am Samstag vor Ostern in der Dorfkirche von Heiligengrabe. «So nimm denn meine Hände und führe mich» war der letzte Choral, den wir ihr nachsangen.

Dann wurde ihr Sarg neben den Gräbern ihres Ehemannes und der kleinen Tochter auf dem Dorffriedhof beigesetzt.

Nachwort

von Dagmar Wahnschaffe

Als Nachkömmling wurde sie geboren, und ihre sieben älteren Geschwister waren nicht gerade begeistert über ihr Erscheinen. Im Taufregister steht Hulda Luise Lieschen: Rufname Lieschen, das kleine dumme Ding sollte nicht Elisabeth heißen. Die älteste Schwester Agnes war einundzwanzig und dachte an Heirat und Aussteuer; da störte ein neuer Kostgänger in der Familie. So war es nur konsequent, dass der Versuch unternommen wurde, die Kleine in gute Hände wegzugeben. Die Nachbarn – selbst kinderlos – hätten sie gerne als Hoferbin aufgezogen. Aber da hatten sie die Rechnung ohne den Wirt, nämlich das energische Schulmädchen gemacht. Nie wieder ist Lieschen zu dieser Nachbarsfamilie gegangen, aus lauter Angst, sie müsse dort für immer bleiben. Lieschen hing trotz allem an ihren Geschwistern und hat wohl frühzeitig lernen müssen, ihren Platz in der Familie zu behaupten. Auf dem ältesten von ihr existierenden Foto mit den schönen großen Schwestern sieht sie aus wie eine kleine Kratzbürste; und als sie fast achtzigjährig auf ihr Leben zurückblickt, klingt auch Stolz an auf ihre Lebensleistung: Ich habe es ihnen allen vorgemacht; was ich geschafft habe, hat keines meiner Geschwister geschafft.

Sobald Lieschen groß genug war, übernahm sie eifrig alle möglichen Arbeiten im Hause: bügeln, Schuhe putzen, Tisch decken, Wäsche aufhängen. Die Eltern waren ja schon alt und hatten einfach keine Kraft mehr, das hat Lieschen oft betont. Und als sie erst Enkel bekamen, waren diese ihnen oft wichtiger als ihr jüngstes eigenes Kind.

Eine Berufsausbildung oder Lehre kam weder für Lieschen noch für ihre Schwestern in Frage. Die älteren Schwestern heirateten eine nach der anderen: einen Fleischer, einen Polizisten, einen Gastwirt, einen Eisenbahner, zurück blieb die Jüngste.

Als aber die kränkelnde Schwester Hedwig mit kleinem Kind im Gasthof Woltersdorf Hilfe brauchte, war es für die Mutter ganz selbstverständlich: Lieschen musste dorthin, wo ihre Hilfe am dringendsten vonnöten schien. So arbeitete sie über Jahre in der Gastwirtschaft und in Stall und Feld im Betrieb von Schwester und Schwager. Erst viel später hat Lieschen begriffen, dass sie für ihre Schwester eine billige Arbeitskraft gewesen ist. Weder bekam sie ein Taschengeld, noch war sie sozialversichert. Dreimal machte sie sich auf den Weg nach Berlin, um dort ihr Glück zu suchen und eine Lehrstelle zu finden. Dreimal holte sie der Vater wieder zurück. Ganz sicher stellte der Gasthof Woltersdorf, ein an Sonntagen beliebtes Ausflugsziel der Pritzwalker, allerdings auch eine wichtige Schule des Lebens dar. Die dort eingeübte offene Art, auf Menschen zuzugehen – das sollte Lieschen später einmal sehr helfen, als sie ganz allein durchs Leben kommen musste.

Lieschens Geburtsort Brügge liegt etwa 20 Kilometer von Pritzwalk entfernt. Hier erlebte sie die sozialen Unruhen und Umwälzungen der zwanziger Jahre. Es begann mit einem Generalstreik in Pritzwalk im März 1920 gegen die antirepublikanischen Kapp-Putschisten. In allen Betrieben und auf den Gütern ruhte die Arbeit, zum Teil auch bei den Bauern.

Lieschens Erinnerungen an Überfälle auf die Dorfbevölkerung, bewaffnete Bauerntrupps, die sich zusammentaten, um das Dorf zu schützen, und vom Diener des Rittergutes Rapshagen angeführt wurden, der auch die Gewehre organisiert hatte – diese dramatischen Szenen spielten sich wohl während des Landarbeiterstreiks im Kreis Pritzwalk 1924 ab. Dieser erfolgreiche Streik stärkte das Selbstbewusstsein der Landarbeiter in der Region. Leider ging die Dorfchronik des Dorfes Brügge 1953 verloren, als sich in einer spektakulären Aktion bei Nacht und Nebel buchstäblich das gesamte Dorf von verschiedenen Bahnhöfen der Umgebung aus in den Westen aufmachte.

Während der Inflationsjahre musste Lieschen den schwierigen Umgang mit Geld und die Buchhaltung lernen, denn ihr Vater kam mit der neuen Zeit nicht mehr zurecht. Die hohen Zahlen, die Millionen und Milliarden, gingen über sein Fassungsvermögen. Bis zur Übergabe des Hofes an den älteren Bruder führte also die Jüngste die Bücher. Auch dabei hat Lieschen sicher viel gelernt.

1928 verlobte sie sich mit Emil Straßenburg, einem Bauernsohn. Seine Eltern hatten ihren

Hof verkauft, um Sohn und Tochter versorgen zu können, und lebten im Altenteil bei der Tochter. Emil besaß 12 000 Reichsmark, Lieschen 8000. Gern hätte sie mit dem gemeinsamen Geld einen Gasthof gekauft. Aber sie war klug genug, auf Freunde und Ratgeber zu hören, die ihr diesen Plan ausredeten: Dein Emil ist kein Wirt, der ist ein Bauer, hieß es. Und schließlich fanden sie den schönen kleinen Hof in Heiligengrabe, und es wurde geheiratet.

Schöne Jahre, reiche Jahre, so nennt Lieschen die allzu kurze gemeinsame Zeit auf dem eigenen Hof. Dass sie mehr und schwerer arbeitete, als üblicherweise einer Frau in der Landwirtschaft zukam, dass sie eine Frühgeburt, eine Fehlgeburt und schließlich noch Krankheit und Tod des zweiten Kindes bewältigen musste – all das gehörte für Lieschen zum Leben und hat ihren Lebensmut nicht brechen können. Erst mit dem Tod ihres Mannes geriet Lieschen in eine existenzielle Krise. Zwei Jahre brauchte sie, um aus tiefer Verzweiflung und Einsamkeit einen Weg zurück ins Leben zu finden, dies zu einer Zeit, die es der jungen Witwe nicht leicht machte.

Ihr Mann war bereits vor 1930 Mitglied der

NSDAP gewesen. Von Heiligengrabe aus besuchte er auf einem Motorrad gemeinsam mit dem Ortsgruppenleiter die umliegenden Dörfer und warb für die Partei. Nach der Geburt des Sohnes Peter hatte er diese Tätigkeit aufgegeben. Der Parteiauftrag lautete, er solle sich nun vermehrt um Frau und Kind, Haus und Hof kümmern – so erzählte man sich in der Familie.

1935 wurde das sogenannte Reichserbhofgesetz erlassen, und der Straßenburg-Hof war in Heiligengrabe der erste Hof, der unter das Regelwerk dieses Gesetzes im Grundbuch eingetragen wurde. Lieschens Sohn Peter erinnert sich noch heute, wie ihm im Dorf damals nachgerufen wurde: Da kommt ja der Erbhofbauer!

Ziel des nationalsozialistischen Gesetzes war es, die Bauernhöfe in ihrer angestammten Größe zu erhalten, eine immer wieder neue Erbteilung des Bodens, wie in einigen Regionen Deutschlands ja üblich, zu verhindern und ganz allgemein den Bauernbesitz zu schützen. Der «Reichsnährstand» war schließlich von zentraler Bedeutung für die Blut-und-Boden-Ideologie des Nationalsozialismus.

Lieschen war seit ihrer Kindheit treues Mitglied der evangelischen Landeskirche gewesen. In einer politischen Partei fühlte sie sich weder vor noch nach dem Zweiten Weltkrieg zu Hause. Allerdings entwickelte sich ihr politisches Interesse mit zunehmendem Alter und steigender Selbständigkeit. Zur Zeit des Nationalsozialismus hatte sie wohl noch eher die überkommene Einstellung, Politik sei Männersache und werde im Dorfkrug am Stammtisch verhandelt, so wie ihr Ehemann es ihr vorgelebt hatte.

In heftige Auseinandersetzung mit einem Repräsentanten der Partei geriet sie 1938. Gemäß den Regeln des Reichserbhofgesetzes erhielt sie nach dem Tode ihres Mannes das Wirtschaftsrecht auf ihrem Hof, bis ihr Sohn das 18. Lebensjahr vollendet hatte. Sie war damit befugt, Pachtverträge auszuhandeln und abzuschließen, und hatte auch schon zwei zahlungskräftige Pächter gefunden. Als aber bei der Kreisbauernschaft in Pritzwalk diese beiden Pachtverträge in einer mündlichen Verhandlung genehmigt werden sollten, befand der Kreisbauernführer den Pachtzins für zu hoch. Heftig widersprach Lieschen und stellte die rhetorische Frage, wovon sie denn leben solle. Auf die Zumutung, sie könne sich ja als Landarbeiterin bei ihren eigenen Pächtern anstellen lassen, reagierte Lieschen aufbrausend. Es kam zum Eklat.

Einige Zeit später erhielt der Kreisbauernführer eine Namenliste mit Bauern, die wegen außergewöhnlich hoher Milch- und Fettleistung eine Auszeichnung erhalten sollten – zur persönlichen Preisübergabe und Ehrung per Handschlag. Für das Dorf Heiligengrabe stand die renitente Bäuerin auf dieser Liste! Der Funktionär entzog sich dem Auftrag und schickte an seiner Stelle den Ortsbauernführer.

Einfach lässt sich's sagen, aber es ist schwer getan – dieser Ausspruch Lieschens hat wohl ganz besondere Gültigkeit für die ersten Jahre allein auf ihrem Hof. Beim Tode ihres Mannes war sie 32 Jahre alt. Wie sollte die junge, wenig erfahrene Witwe die schwere Feldarbeit bewältigen? Gegen viel Widerstand und Neid musste sich Lieschen Schritt für Schritt ihren Weg erkämpfen und sehr schnell sehr viel lernen. Mit ihrem guten Vieh hatte sie dann schon bald Erfolg und Anerkennung.

Welche Hilfskräfte standen ihr zur Verfügung? Alle drei Monate erhielt sie ein Mädchen vom Reichsarbeitsdienst RAD zugeteilt. Diese jungen, unerfahrenen Frauen wollten angelernt und beschäftigt werden. Landhelfer, die ein sogenanntes Pflichtjahr absolvierten, konnten mit etwas Glück zu einer wirklichen Hilfskraft werden.

Ab 1940 wurden französische Kriegsgefangene zur Arbeit auf den Bauernhöfen verteilt. Sie nahmen dort auch alle Mahlzeiten ein; nur abends kehrten die Franzosen in ein Lager zurück, wo sie unter Bewachung von Wehrmachtsangehörigen schliefen. Im Sägewerk arbeiteten vier Mann, auf den größten beiden Bauernhöfen zwei und sonst ein Mann pro Hof – etwa 22 Personen in ganz Heiligengrabe. Hinzu kamen zwölf Gefangene, die die Reichsbahn bei Gleisbauarbeiten einsetzte.

Die Franzosen erhielten «Lagergeld», eine Art Taschengeld, und zu Weihnachten Päckchen mit Liebesgaben aus den USA. Diese Päckchen wurden an einem großen Weihnachtsbaum aufgehängt und erregten den Neid der Dorfbewohner. Schokolade, Zigaretten, Seife – Luxusgüter, die sie selbst schon lange nicht mehr gesehen hatten. Ein Bauer überschlug den Wert dieser

Waren und kam auf annähernd 400 Mark – so erinnert sich Peter Straßenburg.

Ab 1941 setzte ein Wechsel der Arbeitskräfte ein. Ein Kriegsgefangener sollte gegen zwei Zivilarbeiter ausgetauscht werden. In der Folge erhielt die Familie Straßenburg Post von «ihrem» Franzosen mit einem Zeitungsausschnitt: Freudestrahlend steht er da auf einem Bahnhof in der Normandie, seiner Heimatregion, und verabschiedet zwei junge Arbeiter nach Deutschland.

Etwa ab 1942 kamen polnische Fremdarbeiter ins Dorf. Diese Arbeitskräfte wurden vom Arbeitsamt verteilt. Sie wohnten auf dem Hof, sollten aber nicht mit der Familie gemeinsam essen. Außerdem mussten sie ein gelbes Schild mit dem Buchstaben «P» auf ihre Kleidung aufnähen. Wer sich gut «führte» und nach einiger Zeit im Dorf bekannt war, dem konnte das Tragen dieses Schildes gnädig erlassen werden.

Etwa die Hälfte der unfreiwilligen neuen Arbeitskräfte waren Frauen. Bei Familie Geber beispielsweise arbeitete Mila Pialska, eine Sängerin. Zur Arbeit trug sie grundsätzlich Handschuhe. Das war Dorfgespräch und blieb Peter

Straßenburg über Jahrzehnte im Gedächtnis. Familie Naumanns Pole war auch nach dem Krieg noch oft in Heiligengrabe. Seinen Pkw-Anhänger hatte er mit Keramikfliesen beladen, zurück fuhr er mit Autoteilen. Die Familie Naumann war nicht die einzige, die «ihren» Polen auch in seiner Heimat besuchte, als das möglich war.

Im Nachbardorf, erzählte man sich, wurden renitente Polen zur Prügelstrafe an den Dorfpolizisten übergeben. Man erzählte auch, die Bauern dort hätten diese Polen sehr schlecht behandelt. So etwas ist in Heiligengrabe dem Vernehmen nach nicht vorgekommen. Zum Beispiel gab es hier auf einem Hof in einem stillgelegten Schornstein ein Radio. Der Bauer hörte regelmäßig BBC London. Sein polnischer Arbeiter hatte davon gewusst, ohne ihn jemals anzuzeigen.

Ab 1942 wurden dem Dorf nach und nach auch sogenannte Ostarbeiter zugeteilt, die dritte Welle der Fremdarbeiter in Heiligengrabe. Ostarbeiter hatten ein blaues Schild mit den Buchstaben «OST» zu tragen. Ihre Muttersprache war meist Russisch oder Ukrainisch. Die Frauen trafen sich nach Feierabend oder sonntags auf dem Straßenburg-Hof. Dort wohnte und arbeitete Sina, eine Ukrainerin aus der Gegend von Odessa. Offiziell war sie dem Dorfpolizisten zugeordnet und arbeitete dort auch. Es war ein offenes Geheimnis, dass Sina die Aufgabe hatte, der Gestapo über die Stimmung unter den Fremdarbeitern zu berichten.

Sina war eine intelligente junge Frau und der einzige Mensch auf dem Hof, der Peter bei den Mathematikaufgaben helfen konnte. Aber Sina verstand auch mit der Nähmaschine umzugehen. Nach einem bestimmten Schnitt, einem halbrunden Gebilde, nähten sie und die anderen jungen Frauen sich sonntags Büstenhalter aus Lieschens Leinentüchern!

Welch hilfreiche Rolle der Ukrainer Miko sowohl vor als auch nach dem Einmarsch der Roten Armee auf dem Straßenburg-Hof spielte, schildert Lieschen selbst ja sehr anschaulich.

Abgesehen von einigen persönlichen Kontakten zu ihren ehemaligen Fremdarbeitern in Polen erreichen nach dem Krieg gelegentlich auch offizielle Anfragen von dort das Dorf. Da geht es um den Arbeitsnachweis von Fremdarbeitern für die Rentenberechnung, berichtet der Bürgermeister. Aus Russland oder der Ukraine kommen solche Anfragen nicht, und ob Sina und Miko überhaupt die Stalinzeit überlebt haben, ist unbekannt.

Im Sommer 1945 – Lieschen war jetzt neununddreißig Jahre alt – hing ihr Leben an einem seidenen Faden, und nur eine Verknüpfung mehrerer glücklicher Umstände hat sie gerettet. Im Dorf grassierte der Typhus, wahrscheinlich von unterernährten erschöpften Flüchtlingen übertragen, die monatelang ohne die geringste hygienische Versorgung unterwegs gewesen waren. Ein Sammeltransport zum Krankenhaus Wittstock, es war ein Pferdefuhrwerk mit etwas Strohaufschüttung, fuhr die Dorfstraße entlang und sammelte die Kranken ein. Lieschen wurde einfach vergessen. So blieb sie fiebernd und delirierend in einem isolierten Zimmer zu Hause auf ihrem Hof – und überlebte, während aus Wittstock nicht einer der Erkrankten zurückkehrte! Ob es Lieschens Überlebenskraft oder die sachkundige Pflege war – eine Ärztin und eine Frau aus dem Dorf versorgten sie –, das Wunder geschah, und die abgemagerte Frau kehrte zurück ins Leben.

Das in kyrillischen Buchstaben geschriebene Schild «Typhus» an der Haustür bewahrte die

Bewohner noch für längere Zeit vor ungebetenem Besuch. Die Ärztin wurde zur vertrauten Freundin, und wenn im Nachbardorf ein Tanzvergnügen angesetzt war, zogen die beiden Frauen los, kilometerweit zu Fuß. Zurück kamen sie im Morgengrauen; auch in jenen Jahren hat man sich amüsiert!

Eine wilde, chaotische Zeit war das – die ersten Jahre der SBZ, der sowjetisch besetzten Zone. Die Bauern mussten hohe Abgaben leisten, wurden streng kontrolliert und fanden doch immer wieder Wege, Teile ihrer Produktion auf dem Schwarzmarkt abzusetzen. Kaffee, Schnaps und Zigaretten waren begehrte Waren, Kartoffeln, Butter und Speck wertvolle Zahlungsmittel. Lieschen hielt Augen und Ohren offen und pflegte ihre Verbindungen.

Wer sein Kontingent, die Pflichtablieferung, kurz das Soll genannt, erfüllt hatte, konnte mit dem Rest der Produktion gute Preise erzielen. So wurde ein Liter Milch in der Pflichtablieferung mit zwanzig Pfennig bezahlt, auf dem freien Markt als sogenannte freie Spitze aber mit einer Mark. Ein Pfund Butter erbrachte sogar zweihundert Mark. Innerhalb des Dorfes herrschte Naturalwirtschaft, man tauschte ohne Geld, auch Arbeitskraft.

So überstand man den ersten Nachkriegswinter. Auf dem Straßenburg-Hof wohnten ein Arbeiter aus dem Sägewerk mit Ehefrau als Mieter, Lieschens ausgebombte Schwester Else mit Tochter, zwei Stiftsdamen, eine Flüchtlingsfrau mit zwei Töchtern, Lieschen und Sohn Peter. Hände, die halfen und mitarbeiteten, gab es also genug. Im Sommer 1946 durften die beiden Stiftsdamen in ihr Haus zurück, die Flüchtlinge zogen weiter. Als im Winter die Planungen für das Jahr 1947 begannen, kam auch wieder ein Pferd auf den Hof, die braune Stute Fanny, tragend. Der Preis betrug vierzehntausend Mark, ein Tisch und ein Schrank mussten zusätzlich abgegeben werden. Die Geldscheine für diesen Pferdekauf wurden auf dem Esstisch gebügelt, erinnert sich Peter.

Ein Jahr nach diesem denkwürdigen Viehkauf machte sich Peter auf die Reise nach Wittenberge. Dieses Mal ging es um Kühe, Zahlungsmittel war nicht Geld, sondern Roggen. Dreißig Zentner pro Färse (tragende Jungkuh) wurden als Preis angesetzt. Im Dorf Rühstädt suchte Peter zwei Tiere aus. Per Handschlag wurde das Geschäft besiegelt. Nachts war es am einfachsten, die «Volkskontrolle» an der Kreisgrenze zu passieren; das Verlassen des Kreises war streng verboten. Bei Nacht und Nebel also fuhr der Fahrer eines «Opel-Blitz»-Lastwagens mit sechzig Zentnern Roggen los und kam mit zwei jungen Kühen heil zurück. Im Fall einer Kontrolle, so hatte er vorsorglich angesagt, würde es heißen: Festhalten, ich gebe Gas und fahre durch. Eine der jungen Kühe kam zu einem Verwandten der Familie ins Nachbardorf, die andere blieb auf dem Straßenburg-Hof und bildete mit ihren Nachkommen den Grundstock des guten Tbc-freien Rinderbestandes der Nachkriegszeit.

Wechselnde Flüchtlingseinquartierungen, das Kriegsende und die ersten Monate mit den Russen im Dorf und auf dem Hof hatten Peter viel lernen lassen. Er war seiner Mutter eine zuverlässige Hilfe und ein allzeit einsatzbereiter Partner, weit über sein Alter hinaus.

Nach seinem Schulabschluss arbeitete Peter dann ganz auf dem Hof seiner Mutter. 1950 absolvierte er die Ackerbauschule in Wittstock, wie sein Vater das vor ihm auch getan hatte. 1951 machte er den Führerschein und wollte unbedingt ein Motorrad kaufen. Davon hielt seine Mutter gar nichts. So stand schon bald wieder ein Auto auf dem Hof, diesmal ein Opel Olympia Cabriolet, und die sonntäglichen Fahrten ins Blaue konnten wiederaufgenommen werden!

Als Nachfolgeorganisation der genossenschaftlichen Raiffeisenkasse war in der SBZ schon bald nach Kriegsende die Vereinigung der gegenseitigen Bauernhilfe (VdgB) gegründet worden. Über die VdgB wurden die Soll-Ablieferungen im Dorf organisiert, aber auch alle Mitglieder beraten und gefördert, um die Produktion zu steigern. Bald gab es im Dorf auch eine Maschinenausleihstation (MAS), die die schweren Feldarbeiten mit Maschinen übernahm. Lieschen hatte damals schon einen Tbc-freien Rinderbestand aufgebaut und erzielte für ihr Zuchtvieh und auch für ihre Milch höhere Preise. 1953 wurde sie im Dorf zur «DDR-Meisterbäuerin» nominiert. Den Titel aber bekam sie dann doch nicht, er ging an eine politisch genehmere Neubauern-Siedlerin im Nachbardorf. In dieser Zeit wurden die ersten Genossenschaften gegründet, in Heiligengrabe beispielsweise von drei in Konkurs gegangenen Siedlern. Die Genossenschaft war für Lieschen kein Thema, über das nachzudenken sich gelohnt hätte. Sie stand ja gut da mit ihrem Betrieb.

Auch als ihr Sohn von 1958 bis 1960 die landwirtschaftliche Fachoberschule besuchte, lag ihr das Thema LPG-Eintritt noch fern. Dass sie dann unter dem Druck der Ereignisse sehr schnell ihren Entschluss fasste, trug ihr bei der morgendlichen Milchablieferung im Dorf verächtliche Blicke und grußloses Abwenden ein. Aber bald schon waren alle anderen Bauern ebenfalls LPG-Mitglieder geworden. Lieschen hatte die Lage nur etwas schneller erkannt, entsprechend gehandelt und sich neuen Zielen zugewandt. Sie gründete mit anderen Interessierten den Kleingärtnerverein und hatte viel Freude an der Geselligkeit und auch am Wettbewerb, den man in diesem Rahmen wenigstens noch pflegen durfte. Man besuchte und besichtigte die Gärten und alles, was darin wuchs und gedieh.

Über den engeren landwirtschaftlichen und gärtnerischen Bereich hinaus gab es für Lieschen aber einen Bereich, einen Gegenpol zu ihrer eigenen Welt, der für ihr geistiges und geistliches Leben eine wichtige Rolle spielte, und das war das Kloster Stift zum Heiligengrabe, kurz Stift genannt.

Unter uralten Linden und Eichen am Rande des Bauerndorfes an einer alten Heerstraße von der Elbe zur Ostsee gelegen, erheben sich noch heute die backsteinroten Mauern und Giebel von Kirche, Kapelle, Abtei und Kreuzgang – eine selten vollständig erhaltene gotische Klosteranlage von großer Schönheit und Würde.

Als Lieschen sich kurz vor ihrer Hochzeit 1930 von ihrer alten Großmutter, einer Lehrerwitwe, verabschiedete und erzählte, sie zöge nun mit ihrem Mann nach Heiligengrabe, da schlug die alte Frau die Hände über dem Kopf zusammen. In Heiligengrabe gehen ja die Frauen mit Hut, da gehörst *du* doch nicht hin!

Die Damen mit Hut waren die feinen Stiftsdamen, die im ehemaligen Zisterzienserinnenkloster Zum Heiligen Grabe wohnten. Unter den preußischen Königen war Heiligengrabe zum vornehmsten Damenstift im Lande avanciert. Unverheiratete Schwestern und Töchter des Adels konnten sich in die fromme Gemeinschaft einkaufen, Witwen oder Töchter gefallener Offiziere oder treuer Beamter erhielten einen Freiplatz.

Um 1850 hatten Stiftsdamen den Plan gefasst, gemäß den preußischen und protestantischen Tugenden ein tätiges und sinnvolles Leben zu führen. Gebet und gelegentliche wohltätige Handlungen in der Damengemeinschaft genügten ihnen nicht mehr. So wurde eine Internatsschule für junge Mädchen gegründet, die sich schnell entwickelte und etablierte, von einem Zeitgeist beflügelt, der Bildung und Beruf auch für Frauen forderte. Immer mehr Stiftsdamen wurden nun Lehrerinnen, und ihre Internatsschule brachte es zu einem ausgezeichneten Ruf.

Lieschen, die Bäuerin mit Kopftuch, lieferte Eier, Milch und Butter an zwei Stiftsdamen. Marianne von Heydekampf, eine ausgebildete Lehrerin, und ihre Freundin Margarethe von Bäckmann bewohnten eines der barocken Reihenhäuser am sogenannten Damenplatz auf dem Stiftsgelände. Nachdem das Ehepaar Straßenburg den kleinen Hof vom alten Herrn Thiel gekauft hatte, hatte der «seinen Stiftsdamen» sogleich die jungen Nachfolger vorgestellt. Aus freundschaftlichen Kontakten und gegenseitiger Hilfe in der Not entwickelten sich über die Jahre feste Bande, die Krieg, Russenzeit und sogar die deutsche Teilung überdauerten.

Nachdem Lieschen so jung Witwe geworden war, luden die beiden Damen sie an Sonntagen, an Feiertagen und zu Weihnachten ein. Dankbar erinnerte sich Lieschen später an diese Hilfsbereitschaft. Am Montag begann die mühsame Arbeitswoche, aber Sonntage allein waren für die junge Witwe ganz besonders schwer zu überstehen. Wenn sie aber abends nach einer Einladung in das Häuschen am Damenplatz nach Hause ging, war auch für sie der Sonntag gut überstanden. Als dann ihr Sohn eingeschult wurde, boten die Damen an, ihn bei den Schularbeiten zu betreuen. So verbrachte Peter viele Stunden bei ihnen, und seine Mutter wusste ihn gut aufgehoben.

Tätige praktische Hilfe, da anpacken, wo es notwendig ist – das war gewiss einer der erzieherischen Grundsätze, denen sich die Stiftsdame und Lehrerin von Heydekampf verpflichtet fühlte. Schließlich hatte sie selbst nach dem frühen Tod ihrer Mutter die fünf Geschwister aufgezogen, dann eine Berufsausbildung als

Lehrerin abgeschlossen und 1920 die begehrte Stelle einer Stiftsdame in Heiligengrabe bekommen. Abgesehen von der materiellen Absicherung war der soziale Status einer Stiftsdame in Heiligengrabe in der preußischen Gesellschaft sehr hoch. Bei Hofe trat die Äbtissin von Heiligengrabe zu offiziellen Anlässen gleich nach dem Königs- bzw. Kaiserpaar auf. Stiftsdamen durften allein – ohne männliche Begleitung! – in der Öffentlichkeit auftreten. Mit dem Ende der Monarchie endete die äußerliche Verbindung von Kloster Stift zum Heiligengrabe und dem Hause Hohenzollern. Die evangelische Landeskirche in Berlin verwaltete nun den großen Besitz mit Stiftsgut und Internatsschule allein und ernannte eine Äbtissin aus dem Kreise der Konventualinnen. Ein Stiftshauptmann mit Sitz in Berlin war für die Verwaltung zuständig. Aber wenn der Kaiser auch abgedankt hatte, der Geist von Heiligengrabe blieb weiterhin konservativ und national. Heiligengrabe wurde zu einer vergangenheitsseligen Insel im wirbelnden Strom der zwanziger Jahre. Die Damen fühlten sich als Hüterinnen der alten Ordnung, und wer seine Tochter hier anmeldete, wünschte eine entsprechende Erziehung. Disziplin, Haltung, Bescheidenheit, sich nicht gehenlassen, keine Launen zeigen, der Gemeinschaft dienen – das Wort «dienen» spielte überhaupt eine große Rolle –, das waren die Ideale, denen man sich verpflichtet fühlte. Die Schlafsäle blieben auch im Winter ungeheizt, ein Bett, ein Hocker und ein Spind auf dem Flur waren alles, was ein Kind zur persönlichen Verfügung bekam.

Den beiden Äbtissinnen dieser Jahre gelang es sogar, während der Zeit des Nationalsozialismus mit vielen Kompromissen den eigenen Kurs beizubehalten. SS-Heimschule wurde Heiligengrabe nicht.

Als die Russen Anfang Mai 1945 in Heiligengrabe einzogen, wurde das Stift als Kirchenbesitz zunächst nicht angetastet, später aber doch zum Plündern freigegeben. Die verbliebenen acht Stiftsdamen flüchteten ins Dorf. Die Damen Heydekampf und Bäckmann fanden Aufnahme auf dem Straßenburg-Hof und blieben dort etwa ein Jahr. Die Russen zogen ins Stift, in der Kirche hatten sie eine Reparaturwerkstatt für Flugzeugteile eingerichtet.

Im April 1946 kam es zu einem denkwürdigen Mittagessen bei Lieschen. Auf dem Tisch stand eine Hammelkeule, die die beiden Stiftsdamen gerade als Deputat vom Stiftsgut erhalten hatten. Zu Gast kamen drei Diakonissen vom Mutterhaus Friedenshort, Schwester Friede, Schwester Erna und Schwester Ruth. Sie waren aus Schlesien vertrieben worden und suchten nach geeigneten Gebäuden, in denen sie ihre Arbeit – die Betreuung von Waisenkindern – wiederaufnehmen könnten. Bischof Dibelius in Berlin hatte ihnen das Stift Heiligengrabe genannt, und so waren sie nun vom Bahnhof ins Dorf gelaufen. An Lieschens Mittagstisch fanden die ersten Gespräche statt, ehe die Diakonissen, mit Genehmigung vom Bürgermeister ausgestattet, unter Führung von Marianne von Heydekampf das Stiftsgelände besichtigen durften. Die Diakonissen konnten gar nicht aufhören, sich bei Lieschen für das gute Essen zu bedanken, und wurden für den nächsten Tag gleich noch einmal eingeladen. Die alte Abtei, der Garten und die Häuschen am Damenplatz, alles schien für eine Arbeit mit Waisenkindern wie geschaffen.

Im September 1946 schließlich übergaben die Russen das Stiftsgelände, und die erste Familie von halbwüchsigen Jungen und ihrem «Mütterchen», der Diakonisse Martha Mejes, bezog ihr neues Zuhause. Die Diakonissen vom Friedenshort waren nun Mieter im altehrwürdigen Klostergemäuer. Sie fingen buchstäblich mit nichts an. Die halbwüchsigen Jungen wurden auf die Bauernhöfe verteilt und arbeiteten für eine warme Mahlzeit, sie schliefen auf Stroh, Kerzen waren die einzige Beleuchtung.

Später wurden für Lieschen die Abende in der Kinderfamilie von Schwester Martha sonntägliche Höhepunkte. Schwester Martha erzählte aus ihrem Leben als Missionsschwester in Afrika, und allen Zuhörern standen Augen und Ohren weit offen. Aber die Schwester war nicht nur eine gute Erzählerin, sondern eine große und begnadete Pädagogin, die es verstand, die als besonders ruppig geltenden Jungen ihrer Familie auf einen erfolgreichen Lebensweg zu bringen.

Lieschen wusste viele lebendige und anrührende Geschichten vom Friedenshort zu erzählen, von den geistig behinderten Kindern, die dort aufgenommen wurden, als der Staat den Diakonissen die Arbeit mit Waisenkindern entzog. Sie nahm regen Anteil an allem, was sich in der Gemeinschaft der Diakonissen und bei ihrer Arbeit ereignete, und fühlte sich einzelnen Schwestern besonders freundschaftlich verbunden.

Ich habe Lieschen um 1950 kennengelernt. Als Berliner Schulkind fuhr ich mit der Großmutter aufs Land. Durch Wald und Wiesen ziehen wir den Handwagen mit unserem Gepäck vom Bahnhof zum Stift. Dort wohnt meine Tante, die Stiftsdame von Heydekampf. Ich, das Berliner Ferienkind, werde zum Straßenburg-Hof geschickt, Eier und Milch zu holen. Damit begannen meine glücklichen Tage auf dem Land.

Nie werde ich den Duft von warmer Milch und frischem Brot in Lieschens Küche vergessen, nie das Gesumme der Fliegen, die sich auf dem gelben Klebeband am Herd festsetzten, die feuchte Kühle des Kellers, wenn ich Möhren aus dem Sandhaufen heraufholte, verfolgt von den glitzernden Augen einer dicken braunen Kröte – ein Tier, das mir bisher nur im Märchen begegnet war. Und wenn erst die braune Stute Fanny angespannt wurde und es zum Melken und Kälberfüttern hinaus auf die Weiden ging oder das Fuder Heu heil um die Kurve an der

Dorfstraße gelenkt werden musste – welche Abenteuer!

Zwanzig Jahre später, auf den Spuren meiner glücklichen Kindheit, begann ich Lieschen von Berlin aus regelmäßig zu besuchen. So entwickelte sich ganz allmählich unsere Freundschaft.

Lieschen lachte gerne, und sie war sehr gastfreundlich. Neugierig hörte sie zu und stellte Fragen, aber ebenso gerne erzählte sie selbst etwas. Das Erzählen war wichtiger Bestandteil der Tischrunde in Heiligengrabe, und es wurde dabei immer viel gelacht.

Wenn die letzten Kartoffeln geerntet und die letzten Rüben eingelagert waren, im Oktober also, reiste Lieschen für ein paar Tage nach Berlin. Sie wohnte bei mir, wusste, wo sie das «Begrüßungsgeld» für Ost-Rentner abholen konnte, und kaufte davon Weihnachtsgeschenke für Kinder und Enkel.

Gerne besuchte sie mit mir meine Freunde, es wurde gekocht und erzählt. Die flinken und routinierten Bewegungen, mit denen sie auch in fremder Umgebung ein Stück Fleisch salzte und in die Pfanne legte, verrieten jahrzehntelange Übung. Arbeit ging ihr schnell und leicht von der Hand – so schien es.

Aber als sie begann, mir ihr langes und sehr schweres Leben zu erzählen, da fiel bald der Satz: Einfach lässt sich's sagen, aber es ist schwer getan!

Wie oft hatte sie Mutlosigkeit und auch körperliche Erschöpfung überwinden müssen! Das Leben sparte nicht an harten Schicksalsschlägen, aber immer wieder gab es da einen Ausweg, einen Lichtblick.

In den Mußestunden des Herbstbesuches 1984 – Lieschen war nun 78 Jahre alt – bat ich sie, mir ihr Leben zu erzählen. Sie breitete ihre Erinnerungen vor mir aus, und ich ließ das Tonband laufen. Lieschen erinnerte sich an die entscheidenden Stationen, hielt Rückschau und legte Rechenschaft ab – eine Zeitzeugin des 20. Jahrhunderts, Bäuerin und emanzipierte Frau auf dem Dorf.

Lieschens Lebensbericht als Dokument mündlich überlieferter Geschichte – Oral History – habe ich so weit wie möglich im Erzählfluss der zum Teil plattdeutsch gefärbten Sprache zu erhalten versucht. Wenn auch beim Übertragen vom gesprochenen ins geschriebene Wort zwangsläufig manches verlorenging, so sind doch ihr ganz persönlicher Erzählstil, ihr Geist und ihr Witz erhalten geblieben.

Eine ungewöhnlich wache und humorvolle Frau erzählt ihr langes Leben vom Kaiserreich bis zum wiedervereinigten Deutschland, und sie hat uns noch heute etwas zu sagen!